Cennet Krischak

Ich bin der Architekt meines Lebens

Cennet Krischak

Ich bin der Architekt meines Lebens

Mut zur eigenen Wahrheit, Mut zum Leben: Erkenne, akzeptiere, verändere dich selbst und deine Welt

Trainerverlag

Imprint

Cover image: www.ingimage.com

Publisher:
Der Trainerverlag
is a trademark of
Dodo Books Indian Ocean Ltd. and OmniScriptum S.R.L publishing group

120 High Road, East Finchley, London, N2 9ED, United Kingdom
Str. Armeneasca 28/1, office 1, Chisinau MD-2012, Republic of Moldova, Europe
Printed at: see last page
ISBN: 978-620-0-77048-6

Ich bin der Architekt meines Lebens!

Ich bin mein Experiment:

Ich widme dieses Buch meinen beiden unglaublichen, einzigartigen und wunderschönen Töchtern Elif und Kiana Maria. Sie sind mein Licht, meine Inspiration und die Quelle meiner unendlichen Liebe.

Sie haben mich gelehrt, was es bedeutet, unendliche Sehnsucht zu empfinden, Angst vor dem Verlust ihrer Kinder zu haben, Verzweiflung, Ohnmacht, aber auch unendliche Freude, Dankbarkeit, Mut, Verantwortung und Kampfgeist.

Sie haben mich auf eine Reise geführt, die mich durch Schmerz, Angst, Verzweiflung und Freude geführt hat. Sie haben mich gelehrt, dass ich als Mutter erst mich selbst heilen muss, um ihnen in ihrem vollen Potenzial zu helfen und sie zu unterstützen.

Ich habe gelernt, dass ich als Mutter keinen Anspruch auf ihr Leben habe, sondern dass sie ein unvergessliches Geschenk und ein wahrer Reichtum in meinem Leben sind.

Es ist mir eine Ehre, sie auf ihrem Weg zu begleiten und von ihnen zu lernen. Ich bin unendlich dankbar dafür, ihre Mutter sein zu dürfen und dass ich dieses unglaubliche Abenteuer mit ihnen gemeistert habe und freu mich auf die Reise, die uns bevorsteht.

Cennet Krischak 2023

Inhalt

Ich bin der Architekt meines Lebens

Mögen sich die Engel vor mir verbeugen, da ich ein Mensch bin

Mein Weg vom Opfer zum Schöpfer

Ich bin bereit für ein neues Leben voller Freude, Glück und Liebe. Mein volles Potenzial zu entfalten und meine Träume zu verwirklichen. Mich selbst zu lieben und andere zu lieben, ohne Bedingungen. Ich bin bereit, Verantwortung für mein Leben zu übernehmen und meinen eigenen Weg zu gehen, mich zu entfalten und zu wachsen. Mein Leben zu feiern und es in vollen Zügen zu genießen.

Ich war einmal ein Opfer meiner Umstände. Aber dann entdeckte ich die Macht, die ich hatte, und erkannte, dass ich der Architekt meines Lebens bin.

Ich wurde mit 13 Jahren zwangsverheiratet, mit 14 Jahren Mutter geworden. 10 Jahre in dem Gefängnis der Ehe war ich auf mich gestellt. Während dieser Zeit habe ich mehrmals Suizid Versuche unternommen. *Bis ich eines Tages die Entscheidung traf entweder Trennung oder Tod, eine dritte Alternative gab es nicht.*

Eine lange Zeit meines Lebens wurde mein Leben von anderen bestimmt. Einige Zeit lebte ich im Auto. Ablehnung, Beschimpfungen, Morddrohungen, 1, 5 Jahre Gefängnis, Armut, Vergewaltigung, Missbrauch und 5 Burnout.

Mit diesen Erfahrungen begann ich mich neu zu erschaffen. Was für andere nicht möglich schien, wurde für mich ein Kinderspiel.

Nur mit einem Grundschulzeugnis habe ich ab meinem 25 Lebensjahr angefangen über den 2.Bildungsweg meine erste Ausbildung als **Fachinformatikerin/Anwendungsentwicklerin** erfolgreich abzuschließen. Später folgten weitere Aus- und Weiterbildungen in Erwachsenenbildung, Bildungsmanagement, Psychodrama, Projektleitung usw.

23 Jahre war ich für ein Trainings- und Beratungszentrum für langzeitarbeitslose Menschen und Sprachkurse für Migranten (mit 75 feste und 40 freie Mitarbeiter) als Führungskraft in unterschiedlichen Funktionen tätig. Nach meinem 5. Burnout 2020 habe ich mich entschieden meinen eigenen Weg zu gehen.

Für alles in meinem Leben **bin ich heute sehr dankbar.** Ich würde nicht einmal das Komma in meinem Leben und Erfahrungen nachhinein ändern wollen.

Ich begann, meine Gedanken und Überzeugungen zu hinterfragen und zu verändern, und ergriff die Kontrolle über mein Leben. Ich setzte mir Ziele und arbeitete hart daran, sie zu erreichen. Ich lernte, negative Gedanken zu überwinden und mich selbst zu motivieren. Ich veränderte meine Umgebung und entwickelte eine Wachstumsmentalität.

Jetzt, nachdem ich die Herausforderungen in meinem Leben gemeistert habe, bin ich stärker und selbstbewusster als je zuvor. Ich bin der Architekt meines Lebens und entscheide selbst, wohin es gehen soll.

In diesem Buch teile ich nur ein Teil meiner Geschichte und meinen Erkenntnissen mit dir und zeige dir, wie du ebenfalls die Kontrolle über dein Leben gewinnen und es zu einem Meisterwerk machen kannst. Ich bin hier, um dich zu inspirieren und zu ermutigen, damit auch du der Architekt deines Lebens werden kannst.

Ich habe viele Geschichten in meinem Leben. Ich spielte viele Rollen mit großen Herausforderungen.

"Wie es in der Bibel heißt, soll der ohne Sünde den ersten Stein werfen."

Unser Schweigen gibt unseren Peinigern und Missbrauchern Macht. Durch unser Schweigen unterstützen wir sie darin, ihre Ängste, Unsicherheiten, Selbsthass und Verletzungen auf uns zu übertragen und zu stärken. Unsere Angst füttert ihre Angst. Wenn unser Leben nur aus Überleben, Unterwerfung, Leid, Angst und Schmerzen besteht, dann stirbt unser Geist jeden Tag ein Stück mehr. Je mehr wir versuchen, diese Schmerzen zu vermeiden, desto stärker werden sie.

Nur durch den Mut, unsere eigene Wahrheit zu stehen und uns selbst zu akzeptieren, können wir diesen Teufelskreis durchbrechen. Wir haben Mut, andere zu schlagen, zu verletzen, zu zwingen, zu missbrauchen, anzulügen und ihnen etwas vorzuspielen, aber haben wir auch den Mut, für uns selbst einzustehen? Haben wir den Mut, uns endlich aus den Klauen der Lügen und Illusionen anderer zu befreien?

Eines Tages wird unser Körper sterben und wir werden keine Schmerzen mehr fühlen, weder psychische noch emotionale. Viele wollen von unserem Leid hören, von unseren Dramen, um ihr eigenes Mitleid zu bestätigen. Aber brauche ich Mitleid? Nein, denn ich bin ein Mensch, ein vollkommenes Wesen.

Du hast meine Zunge zum Schweigen gebracht, aber nicht mein Herz
Du hast meine Zunge zum Schweigen gebracht, aber nicht meinen Verstand
Du hast mich mit Hass angegriffen,
mit Gewalt hast du meinen Körper angekettet
Du hast mein Herz mit deinen Schlägen zerschmettert
Du hast mich mitten in der Wüste hungrig, durstig und nackt zurückgelassen
Du hast mich im Namen der Sitte verurteilt
Du hast mich im Namen der Ehre wie Ware verkauft,
Du hast mich an deine Tür versklavt

Du hast im Namen des Respekts, der Liebe getötet,
Im Namen Gottes und des Rechts hast du mich lebendig begraben
Um dich selbst zu erschaffen, hast du meine Persönlichkeit und Identität ignoriert
Du hast mir noch einen Tritt gegeben, als ich bereits am Boden lag
Du hast mich blutüberströmt dem Tod überlassen
Du dachtest, du wärst stark in deiner Blindheit und Dunkelheit,
aber ich habe Hass in Liebe verwandelt
Ich wurde stärker durch jeden Stein, den du nach mir geworfen hast, durch jeden Schlag, den du mir verpasst hast
Jede Gefangenschaft hat mich freier gemacht
Meine Tränen haben das Land in Grün verwandelt, ich wurde im Feuer der Hölle gestählt
Ich habe mit dem Tod getanzt
In den dunklen Ecken habe ich mich als neues Licht erschaffen
Ich explodierte, strahlte aus und
bin jetzt wieder hier als rebellisches Sonnenmädchen
Ich öffne meine Arme für dich und alle anderen,
kommt, wenn ihr Mut habt
Lass mich euch etwas von meiner grenzenlosen Schönheit, meinem Licht, meiner Liebe und meiner Menschlichkeit schenken
In dieser Welt, in der es jeden Tag schwieriger wird, ein Mensch zu sein.

Wenn du nach dir selbst suchst, kannst du aufhören zu suchen. Du bist immer da gewesen, wo du hingehörst. Der Grund, warum du es noch nicht erkannt hast, liegt darin, dass du in den Illusionen anderer lebst. Dafür bist du nicht verantwortlich, denn du wurdest dazu erzogen, deine Individualität zu leugnen und abzulehnen. Schon im Kindesalter wird unser unverwechselbares Licht erstickt, wenn wir uns nicht so verhalten, handeln oder sein dürfen, wie es von uns durch Familie, Schule, Freunde und Gesellschaft verlangt wird.

Um dich selbst zu finden, musst du nur eines tun: Geh aus den Gedanken, Gefühlen, Meinungen, Wahrnehmungen, Bewertungen, Erwartungen, Träumen und Bedingungen anderer raus. Stelle dir die Fragen: Was will ich wirklich? Warum will ich es? Für wen mache ich es? So kannst du dich selbst entdecken.

Mein Name ist Cennet Krischak, ich bin die Geschichtenerzählerin, die dich auf deiner Heldenreise in deinem Leben, begleitet.

Du bist das Spiegelbild des Universums

Stell dir vor die Welt ist ein Körper und wir Menschen sind die Zellen in diesem Körper. Dies würde bedeutet, dass wir alle miteinander verbunden sind und dass unser Handel und Verhalten Auswirkungen auf das größere Ganze haben kann. So ähnlich wie die Zellen in einem Körper zusammenarbeiten, um das Wohlbefinden des gesamten Organismus zu fördern, können auch unsere Handlungen als Menschen dazu beitragen das Wohlbefinden der Welt und alle was sich darin befindet zu fördern.

Wenn die Summe der Gefühle, Gedanken, Verhalten jedes einzelnen Individuums das kollektive Bewusstsein wäre, dann ist das Verhalten der einzelnen von immenser Wichtigkeit.

Unser Körper ist aus unglaublicher Anzahl von Zellen zusammengesetzt, und jede Zelle enthält eine erstaunliche Menge an genetischem Material und chemischen Reaktion, die die Intelligenz unseres Körpers ausmachen.

Jede Zelle in unserem Körper hat ihre eigene Aufgabe und Funktion, und sie arbeiten zusammen, um den Körper am Leben zu erhalten und gesund zu halten.

Die Intelligenz unseres Körpers besteht aus der Gesamtheit aller Zellen, die zusammenarbeiten, um ein funktionierendes Ganzes zu bilden. Die Art und Weise, wie diese Zellen miteinander kommunizieren und interagieren, ist ein komplexes Zusammenspiel, die unser Leben unterstützen und aufrechterhalten.

Du bist der Schöpfer und die Schöpfung:

Das bedeutet, dass der Mensch sowohl Schöpfung als auch Schöpfer ist, dass jeder Mensch die Fähigkeit hat, seine eigene Realität zu erschaffen und dass das, was wir in unserem Leben erleben, auf unseren eigenen Gedanken, Gefühlen und Handlungen beruht.

Gleichzeitig denke ich, dass es eine höhere Macht oder Intelligenz gibt, die uns lenkt oder inspiriert, unsere Schöpfung zu gestalten. Diese höhere Macht kann als Gott, das Universum, das Höhere Selbst oder in anderen Formen wahrgenommen werden.

Der Mensch als Schöpfung und Schöpfer bedeutet, dass der Mensch Verantwortung für seine eigene Realität und sein eigenes Leben übernehmen sollte.

Das wir unsere Gedanken, Gefühle und Handlungen bewusst wählen und uns auf das ausrichten, was wir in unserem Leben wirklich wollen. Es bedeutet auch, dass wir bereit sein müssen, Veränderungen in unserem Denken und Verhalten vorzunehmen, um unser Leben in eine positive Richtung zu lenken.

Um unser Leben in einer positiven Richtung zu lenken, müssen wir Veränderungen in unserem Denken und Verhalten vornehmen.

Alles ist in mir:

Du hast die Freiheit alles zu denken. In deinem Denken gibt es keine Grenzen. In deiner Vorstellung ist alles möglich. Es gibt keine Grenzen wie und was du sein kannst und bist. Nur unsere Gedanken, die nicht immer unsere sind und vielleicht unsere Wahrheit nicht entsprechend, begrenzen uns daran.

In meinen schlimmsten Zeiten, als mein seelischer Schmerz so intensiv wurde, dass er meinen Körper erfasste, stellte ich mir vor, ich sei ein Drache. Als Drache fühlte ich mich unbesiegbar und mächtig. Ich war frei und konnte fliegen. Ich spürte, wie groß und stark ich war. Das gab mir Mut. Mut, weiterzuleben, den Schmerz zu überwinden, meine Angst zu besiegen, nicht aufzugeben und Lösungen zu finden. Ich weiß, dass es einen Weg gibt, und ich werde ihn finden.

Jeder Mensch hat seine eigene Perspektive und Erfahrungen, die seine Wahrnehmung der Welt und dessen, was als "Wahrheit" betrachtet wird, beeinflussen. Das bedeutet, dass jeder Mensch seine eigene individuelle Wahrheit hat.

Es ist wichtig, diese Unterschiede in der Wahrnehmung zu akzeptieren und zu respektieren, auch wenn wir nicht immer einer Meinung sind. Indem wir uns bemühen, die Perspektiven anderer Menschen zu verstehen und wertzuschätzen, können wir Toleranz und Empathie fördern und ein besseres Verständnis füreinander entwickeln.

Gleichzeitig ist es auch wichtig, unsere eigenen Wahrheiten zu verteidigen und für unsere Überzeugungen einzustehen, wenn wir uns in einer Situation befinden, in der unsere Werte und Überzeugungen in Frage gestellt werden. Es ist jedoch möglich, dies auf eine respektvolle und konstruktive Weise zu tun, ohne andere Menschen zu verletzen oder zu diskriminieren.

Es ist großartig, wenn wir ein starkes Bewusstsein für uns selbst haben und dass wir uns als eigenständiges Individuum betrachten erkennen. Das Verständnis, dass Sie sich aus der Intelligenz der Zellen herausgebildet hat, zeigt uns wie wunderbar komplex und faszinierend das Leben ist.

Es ist wichtig, sich selbst als unabhängiges Wesen zu betrachten und die Fähigkeit zu schätzen, Entscheidungen zu treffen, die das eigene Leben beeinflussen. Indem ich mich als eigenständiges Wesen betrachte, kann ich ein tiefes Verständnis für mich selbst entwickeln und meine eigenen Werte und Überzeugungen identifizieren. Dies kann dazu beitragen, ein erfülltes Leben zu führen, in dem ich mich selbst und meine Ziele verwirklichen können.

Wenn ich mich als Individuum als ein Teil eines größeren Ganzen erkenne und annehme, können meine Entscheidungen und Handlungen eine Auswirkung auf die Welt um uns herum und auf andere Menschen haben.

Indem wir uns bewusst sind, dass wir Teil einer größeren Gemeinschaft sind, können wir dazu beitragen, dass Wohl aller zu fördern und eine positive Veränderung in der Welt zu bewirken.

Ich wünsche mir, dass ich durch das Teilen meine Erfahrungen als Wegweiser und Mutmacher für andere Menschen dienen kann. Durch das teilen meine Erfahrungen, möchte ich, anderen Menschen helfen, sich in ähnlichen Situationen zu orientieren, sich weniger allein zu fühlen und auch den Mut zu finden, ihre eigenen Herausforderungen zu meistern. Es kann eine wertvolle Möglichkeit sein, anderen zu helfen und eine positive Veränderung in der Welt bewirken.

Meine Geschichte und Erfahrung können auch dazu beitragen, das Bewusstsein für die Notwendigkeit von Maßnahmen zur Bekämpfung von jeglichem Zwang und die Förderung der Frauenrechte zu schärfen. Indem ich meine Geschichte teilen, kann ich dazu beitragen, das Bewusstsein für diese wichtigen Themen zu schärfen und Menschen zu ermutigen, sich für eine Welt ohne Zwangsheirat und für die Gleichstellung der Geschlechter einzusetzen.

Scheitern und Fehler sind Teil des natürlichen Lernprozesses, um durch Erfahrungen zu wachsen und zu lernen.

Denke darüber nach: Wenn wir als Kinder mit dem Laufen anfangen, erfreut das alle. Wir beginnen mit einer Neugier das Laufen zu lernen. Fallen hin, stehen wieder auf, verletzen uns. Keiner kommt auf die Idee uns zu sagen, dass wir versagt haben, wenn wir das erste Mal nicht auf unseren Füßen stehen können und wieder hinfallen. Jedes Kind braucht seine Zeit, um das Laufen zu lernen.

Ich bin froh darüber, dass wir noch kein ausgeprägtes Bewusstsein haben, und daher das Hinfallen und Wiederaufstehen als normaler Teil des Lernprozesses akzeptieren und empfinden. Sonst würden wir das Laufen nicht lernen. Alle bemühen sich den Kindern zu helfen die notwendigen Fähigkeiten und das Vertrauen zu entwickeln, um das Laufen zu meistern, ohne dass sie sich durch das Hinfallen oder Scheitern entmutigen lassen. Indem die Kinder ermutig und unterstützt werden, lernen sie, dass Scheitern und Fehler Teil des Lernprozesses sind und dass sie durch diese Erfahrung wachsen und lernen können.

Leider hören wir mit dieser offenen Einstellung auf, sobald wir als Kinder anfangen zu verstehen. So verlieren wir diesen natürlichen Prozess durch Urteile, Bewertungen und Interpretationen. Wir werden nach Normen, Regeln, Gesetzen und Ritualen geformt und vergessen, dass Fehler und Scheitern Teil des Lernprozesses sind.

Weder Noten noch Zeugnisse oder Diplom sind ein wahrer Maßstab für unsere Persönlichkeit. Wenn wir immer Beweise für andere liefern müssen, ist es keine Freiwilligkeit mehr, sondern Zwang. Man sagt uns, was richtig oder falsch, gut oder schlecht ist, ohne Rücksicht auf unsere Bedürfnisse zu nehmen. Die wahren Bedürfnisse sitzen tief in uns und werden oft übersehen.

Die Angst ist das einzige Hindernis. Angst nicht gut genug zu sein. Angst nicht geliebt zu sein. Angst vor Einsamkeit.

Warum haben wir Angst vor dem Versagen? Überlege es dir. Für wen hast du Angst? Für dich oder für andere? Was kann passieren, wenn du eine Sache nicht auf Anhieb schaffst? Was hast du zu verlieren? Die Anerkennung deines Umfelds? Dann ist das, was du machst, nicht für dich, sondern um andere zu beindrucken.

Es ist eine Abhängigkeit, die man sich selbst erschafft. Es wurde uns so beigebracht, wir haben es nicht anders gelernt. Uns wurde beigebracht, dass wir uns vergleichen. Schon in der Schule bestimmen die Noten darüber, was wir wert sind.

Insgesamt kann die Akzeptanz und Anerkennung der verschiedenen Wahrheiten anderer Menschen dazu beitragen, eine Atmosphäre des Friedens und der Zusammenarbeit zu schaffen und die Menschlichkeit als Ganzes zu stärken.

Kinder sind eigenständige Individuen mit ihren eigenen Gedanken, Gefühlen und Bedürfnissen, die respektiert und berücksichtigt werden sollten. Als Eltern oder Erziehungsberechtigte haben wir die Verantwortung, unsere Kinder zu schützen, zu erziehen und zu unterstützen, aber wir sind nicht ihre Besitzer oder Herren. Es ist wichtig, eine positive und liebevolle Beziehung zu unseren Kindern aufzubauen, die auf Vertrauen, Respekt und Empathie basiert.

Wir sollten unseren Kindern auch die Freiheit und Autonomie geben, ihre eigenen Entscheidungen zu treffen und ihre eigenen Interessen und Leidenschaften zu verfolgen, solange diese nicht schädlich sind. Indem wir unseren Kindern die Möglichkeit geben, ihre eigene Identität und Persönlichkeit zu entwickeln, können wir ihnen helfen, selbstbewusste und unabhängige Erwachsene zu werden.

Insgesamt sollten wir uns daran erinnern, dass Kinder nicht unser Eigentum sind, sondern eigene Individuen mit ihren eigenen Werten, Perspektiven und Träumen. Es liegt in unserer Verantwortung, sie zu unterstützen und zu fördern, damit sie ihr volles Potenzial entfalten und zu glücklichen und erfüllten Erwachsenen heranwachsen können.

Kreiere deine Realität

Werde vom Nebendarsteller zu Hauptdarsteller deines Lebens.

Die große Herausforderung das ganz viele Menschen haben ist, dass sie nie gelernt haben, was wirklich bedeutet ihren eigenen Lebensfilm zu kreieren und zu leben. Und sich zu sehr daran gewöhnt haben mit paar Häppchen abgespeist zu sein ein Statist, eine Nebenschauspielerin im Leben eines anderen Menschen zu spielen. aufgrund meines Lebens dürfte ich unterschiedliche Statistenrollen bis ins Detail alle ausfüllen und weiß ganz genau, woran man erkennt wann du Statistik bist, wann du auf dem Weg bist Hauptdarsteller zu werden. und durch eine sehr ehrliche und offen gesagt auf sehr direkte Art, die ich gerne mag, rücken wir uns gemeinsam immer wieder dahin auf Hauptdarsteller zu bleiben Wir durchbrechen Muster, schmieden neue Gedanken und eine klare Identität. wenn du mit voller Würde und stolz deine Rolle kreieren willst, sollten wir daran arbeiten.

In Zeiten, in denen man das Gefühl hat, nicht akzeptiert, geliebt, verstanden oder anerkannt zu werden, ist Mut zu haben und zu sich zu stehen, eine Herausforderung.

Ehrlich zu sich selbst: setze dich mit deinen Bedürfnissen, Gefühlen und Gedanken auseinander, so kannst du erkennen und lernen, was für dich wichtig ist.

Finde heraus welche Werte dir wichtig sind. Nach welchen willst du Leben? Diese machen dir deine Entscheidungen leichter.

Identifizieren deine Werte. Wenn du weißt, was dir wichtig ist, kannst du Entscheidungen treffen, die mit deinen Werten in Einklang stehen und du bist dir selbst treue.

Lerne Nein zu sagen. Es ist wichtig, Grenzen zu setzten für sich selbst eizustehen, indem du „Nein“ sagst, wenn es notwendig ist und du dich dazu zwingst, etwas zu tun, dass du nicht willst oder das gegen die eigenen Werte verstößt.

Es gibt keine Sicherheit. Die Sicherheit bist du. Sei bereit Risken einzugehen. Um authentisch zu sein und für sich selbst einzustehen, kann es notwendig sein, Risiken einzugehen und neue Wege zu gehen.

Umgeben dich mit positiven Menschen. Diese Menschen werden dich unterstützen und ermutigen, dass du selbst sein kannst.

Auch kleine Erfolge darfst du feiern. Sie können deinen Selbstvertrauen aufbauen und dich daran erinnern, dass es sich lohnt, für sich selbst einzustehen.

Mut zu haben, zu sich selbst zu stehen, erfordert Zeit, Übung und Geduld, aber es ist ein wichtiger Schritt, um ein erfülltes und authentisches Leben zu führen.

Einfühlsam

Ich möchte dich gerne inspirieren und motivieren, deine eigene Wahrheit zu erkennen. Die eigene Wahrheit zu erkennen ist ein wichtiger Bestandteil des persönlichen Wachstums, um ein erfülltes Leben zu führen. Die emotionale Heilung ist ein Prozess, der Zeit, Geduld erfordert.

Emotionen sind die Sprache unseres Körpers, die uns helfen, um zu wachsen und um uns weiterzuentwickeln. Jeder Emotion hat eine Botschaft und kann uns etwas über unsere Bedürfnisse, Wünsche, Ängste oder Herausforderungen mitteilen.

Erkennen woher die Überzeugungen und Glaubenssätze kommen. Du bist einzigartig, du hast deine eigenen Stärken, Herausforderungen, Ziele und Bedürfnisse. Gemeinsam finden wir Lösungen, die auf deinen Bedürfnissen und Ziele basieren.

Wenn wir lernen uns mit unseren Emotionen bewusst auseinanderzusetzen und sie akzeptieren können wir uns und andere besser verstehen

Unsere Emotionen können uns inspirieren und die Kreativität fördern und uns dabei helfen neue Perspektiven zu entwickeln und unsere Denkweise erweitern. Durch das Reflektieren und bewusstes beobachten können wir neue Einsichten gewinnen und entwickeln.

Meine Geschichte:

Meine Kindheit:

Ich träume schon seit ich 8 bin davon, meine Geschichte aufzuschreiben. Doch immer wieder halte ich mich zurück, da ich denke, dass meine Sprachkenntnisse und mein Wortschatz nicht ausreichend sind. Doch ich möchte es unbedingt versuchen, meine Geschichte so offen und ehrlich wie möglich zu erzählen.

Ich bin 1974 nach Deutschland gekommen, ich war damals 7 Jahre alt. Ich erinnere mich an eine grüne Hose, das ich an hatte und dass wir am Dorfplatz von vielen Leuten verabschiedet wurden. Auch an eine Übernachtung in einem Hochhaus in Istanbul, wo meine Mutter unsere Kleider am Fenster aufgehängt hatte, die in der Nacht heruntergeflogen sind. Die Reise selbst ist mir jedoch nicht mehr präsent.

Ich bin in einem kleinen Dorf namens Pazarcik in der Türkei geboren und aufgewachsen. Es gab dort keine moderne Infrastruktur, keinen Strom, kein Fernsehen und kein Telefon. Wir mussten das Wasser aus dem Dorf Brunner holen und abends wurden Öllampen angezündet. Im Dorf gab es eine Grundschule und einen Laden, der meinem Vater gehörte, bevor er nach Deutschland ausgewandert ist. Die Menschen im Dorf lebten von Viehzucht und Landwirtschaft und produzierten fast alles selbst, außer Zucker, Salz, Öl und ein paar andere Dinge.

Ich war als Kind sehr rebellisch und ungezogen, was mich bei den älteren Dorfbewohnern sehr beliebt machte. Ich hatte Narrenfreiheit und verbrachte die Tage damit, die Umgebung zu erkunden und Tiere zu jagen.

Wir Kinder hatten es einfacher, während unsere Mütter beschäftigt waren, den Vorrat für den Winter anzulegen. Im Sommer wurde beispielsweise Brot gebacken, das für mehrere Monate haltbar war. Es wurde auf einem riesigen Tuch mit runden Holztischen zubereitet, die so hoch waren, dass man im Schneidersitz darunter sitzen konnte. Die Frauen bereiteten den Teig vor und formten dann dünne, runde Brote, die 60-70 cm Durchmesser hatten.

Das Essen wurde auf der Feuerstelle in groß "Das Brotbacken war für uns Kinder ein großes Ereignis. Wir bekamen kleine, flache Brote mit Zucker, frischer Butter oder Käse. Wir streuten Zucker auf das noch warme Brot und rollten es zu einem Dürüm zusammen. Es war köstlich.

Barfuß und ungekämmt verbrachten wir den Tag damit, Schlangen, Schildkröten und andere Tiere zu jagen und zu fangen. Es war unsere Lieblingsbeschäftigung. In unserem Dorf gab es mehrere Brunnen, an denen wir trinken und spielen konnten, wenn wir Durst hatten.

Das Baden war einmal pro Woche und war mit viel Arbeit verbunden. Riesige schwarze Kessel wurden auf der Feuerstelle aufgebaut und das gesamte Wasser musste eimerweise aus dem Brunnen geholt werden. Jeder bekam 2 Eimer Badewasser und wir nutzen Kernseife, um uns zu waschen. Für unsere Haare holten wir Kieselerde aus einer Quelle unter einer großen, alten Platane außerhalb des Dorfes. Dieser Ort war auch ein beliebter Treffpunkt für gemeinsame Feste und Opfergaben. Hier wurden Tiere geschlachtet und sofort verarbeitet, gegrillt und gekocht. Es gab auch mehrere Schaukeln, die an der Platane befestigt waren und manchmal besuchten uns die Jugendlichen, um einfach nur Spaß zu haben. Es war immer eine wunderbare Zeit, in der wir viel lachen und viele Spiele spielen konnten.

Eines dieser Spiele war das Spiel mit Teigrollen, die sehr dünn und etwa 1 Meter lang waren. Die Teigrolle wurde hinten am Rücken durch die Ärmel gezogen, was es nicht einfach machte, sich davon zu befreien.

An diesem Tag wurde auch die Wäsche per Hand gewaschen. Das Wohnzimmer wurde jeden Abend in ein Schlaflager verwandelt und die gesamte Familie schlief auf dem Boden auf selbst gemachten Matratzen, die hervorragend zum Rollen geeignet waren. Jedes Haus hatte auch einen Wandschrank in der Wand für die Betten.

Ich wurde "Zigeunerin" oder "Cine" (Geist) genannt, weil ich durch die Sonne braun gebrannt war. Alle sagten mir immer, dass sie mich gegen einen Esel bei den Zigeunern eingetauscht hätten und ich nicht ihr leibliches Kind wäre. Ich glaubte lange Zeit Jeden Morgen, wenn wir auf dem Schulhof waren, sangen wir die Nationalhymne und marschierten in Reihen in den Klassenraum. Unser Lehrer kontrollierte jeden Morgen mit seinem Zollstock unsere Hände und Finger. Wenn wir ungepflegte Hände oder ungepflegte Fingernägel hatten, bekamen wir als Strafe mit dem Zollstock auf die Handinnenflächen geschlagen. Normalerweise waren es drei heftige Schläge.

Eines Tages war ich unzufrieden, weil ich den Buchstaben "R" nicht richtig aussprechen konnte. Als ich "Meine Oma macht Malmalade" sagte, lachten mich die Kinder aus. Ich war so wütend, dass ich aufstand, meinen Stuhl nahm und auf dem Kopf meines Tischnachbarn schlug. Der Lehrer bestrafte mich, indem er mich schlug und verlangte, dass ich eine halbe Stunde lang auf einem Bein an der Wand stehen musste.

An einem schönen Tag waren wir auf dem Schulhof und hatten gerade Pause. Einer der älteren Jungen hat mich so geärgert, dass ich vor Wut blau anlief. Ich nahm einen Stein und warf ihn nach ihm. Leider traf ich jedoch nicht ihn, sondern die Tochter des Lehrers. Daraufhin bekam ich nicht nur ein paar Ohrfeigen, sondern auch Schläge mit dem Zollstock auf die Handinnenflächen. Den restlichen Unterricht musste ich wieder an der Wand auf einem Bein stehen.

Wir gingen oft mit bunten Tüchern auf die fast kahlen Hügel außerhalb des Dorfes, um nach Eidechsen und Chamaeleonen zu suchen. Wir warfen die Tücher über sie und freuten uns, wie sie ihre Farben änderten. Wir drehten auch Schildkröten um, um zu sehen, wie sie reagieren. Wenn wir dabei von Erwachsenen erwischt wurden, bekamen wir Ärger. Die Tiere waren damals noch geschätzt und geachtet. Es gab viele Schlangen, und es war eine Mutprobe, kleine Schlangen zu töten. Wenn wir es taten, brachten wir sie nach Hause, aber es gab Ärger.

Unser Dorf hatte kein Fernsehen, keinen Strom und nur wenige Traktoren. Die meisten Strecken wurden zu Fuß, mit Eseln oder Pferden zurückgelegt. Einmal Manchmal durfte ich als Kind frische Milch mit einem Holzstab in einem Holzbutterfass zu Butter schlagen. Es war eine Herausforderung für mich, da ich weniger Kraft hatte als die älteren Kinder, aber es machte auch Spaß. Die täglichen Arbeiten wie Wasser schleppen, Holz sammeln und Kuchenfladen sammeln waren Teil unserer Kindheit und es war selbstverständlich, dass wir uns gegenseitig unterstützten und halfen.

Wenn ich ungezogen war, sagten manchmal die Leute, dass mich die Zigeuner vergessen hätten und ich nicht ihre Tochter, sondern eine Zigeunerin wäre. Daher wurde ich auch "das Schwarze Mädchen" genannt. Ich habe lange an diese Geschichte geglaubt.

Ich liebte die dunklen Nächte, wenn der Mond riesig am Himmel stand und wir nach Sternschnuppen suchten. Es gab viele Geschichten über Geister oder Wesen, die in der Nacht unterwegs waren. Ein Mann erzählte einmal, dass er eine wunderschöne Frau traf, als er mit seinem Pferd unterwegs war. Die Frau sagte, dass sie ihren Stamm verloren hatte und bat ihn, sie zu einem Dorf zu bringen, in dem ihre Verwandten lebten. Als sie zu einem Bach kamen, weigerte sich das Pferd, ihn zu überqueren, und die Frau bat den Mann, anzuhalten und sie abzusetzen. Kurz darauf verschwand sie plötzlich, und der Mann kehrte schnell ins Dorf zurück. Die Menschen glaubten, dass Geister das Wasser nicht überqueren konnten und hatten Angst vor ihnen.

Es gab viele Heiler und Heilerinnen in unserer Region, die von Menschen aufgesucht wurden, die krank waren, keine Kinder bekamen oder Rat brauchten. Es gab verschiedene Rituale, Magie und Gebete, die sie glaubten, wirksam zu sein. Mein Vater gehörte auch zu den Heilern und unser Haus war eine Pilgerstätte für viele, die Heilung suchten.

Ich beschützte meine Freunde, insbesondere einen Jungen, der in meinem Alter war und von anderen Kindern geärgert und geschlagen wurde. Ich hatte keine Angst vor ihnen und jagte sie weg, wenn sie ihn schlugen. Für mich gab es kaum Verbote oder Regeln.

Vor allem abends im Winter, als die Tage kurz waren, trafen sich die Älteren und Jüngeren getrennt in einem Haus. Hier wurden Märchen, Geschichten und Spiele erzählt und gespielt. Es war eine sehr schöne Zeit, viel wurde gelacht und die Menschen waren noch sehr natürlich.

Die Kuhfladen wurden gesammelt und zum Trocknen genutzt, um als Brennstoff zu dienen. Die Frauen und Mädchen gingen in den Wäldern, um Holz für das Feuer zu sammeln. Sie trugen das Holz auf ihren Rücken, indem sie es mit dicken Schnüren zusammenbanden. Auch Tannenzapfen wurden gesammelt und wir Kinder durften oft mitgehen. Es war immer ein Abenteuer, sowohl für die Älteren als auch für uns Kinder. Die Arbeit wurde als Gelegenheit zum Lachen und Erzählen genutzt.

Mein Vater hatte Weinberge oben auf dem Hügel. Manchmal nahm er uns mit. Eine zweiteilige Satteltasche aus Teppich wurde auf dem Esel platziert. Die Taschen waren so groß, dass wir Kinder hineinpassen konnten. Um das Gleichgewicht zu halten, wurden entweder zwei Kinder oder Dinge, die das Gleichgewicht hielten, in der anderen Tasche platziert. Diese Taschen wurden auch auf den Schultern getragen.

Im Sommer kam einmal im Monat das Mobilkino ins Dorf. Dies war ein besonderes Ereignis für alle Dorfbewohner. Auf dem Schulhof wurde die Leinwand aufgestellt und alle Dorfbewohner saßen auf dem Boden, um Filme zu schauen.

Deutschland der Beginn des Leidens

Anfang der 1970er Jahre verkaufte mein Vater seinen Laden und ging als Gastarbeiter nach Deutschland. Zwei Jahre später folgte meine Mutter, aber sie kehrte bereits ein Jahr später zurück, da sie sich in Deutschland nicht wohl fühlte. Während dieser Zeit waren meine fünf Geschwister bei Verwandten untergebracht.

1974 zog ich gemeinsam mit meiner Mutter und meinen zwei jüngeren Brüdern nach Deutschland. Wir wohnten in einem Haus, das direkt an einer Bahnlinie stand, und es gab keine anderen Häuser oder Kinder in der Nähe. Mein Vater arbeitete tagsüber und kam abends nach Hause. Unsere Freizeit verbrachten wir hauptsächlich in der Wohnung, da wir nicht alleine rausgehen durften. Ich vermisste meine Freunde und das Dorf, in dem ich aufgewachsen war.

Eines der einzigen Highlights für uns Kinder war der schwarz-weiße Fernseher, an dem wir jeden Abend Sandmännchen und die Augsburger Puppenkiste anschauen durften. Eine prägende Erfahrung war auch der Streit zwischen meinen Eltern, bei dem meine Mutter ohnmächtig wurde. Mein Vater benutzte dann ein Parfüm, um sie wieder zu beleben, was für mich und meine beiden jüngeren Brüder sehr beängstigend war.

Irgendwann wurde der Streit zwischen meinen Eltern unerträglich und mein Vater packte seine Koffer und verschwand. Meine Mutter stand mit uns sechs Kindern allein da und ging arbeiten, während meine Geschwister ihr bei den Haushaltsaufgaben halfen. Keiner von uns konnte damals fließend Deutsch sprechen, da wir erst kurz in Deutschland waren. Ich bin mir nicht sicher, wie meine Mutter damit zurechtgekommen ist, aber ich denke im Nachhinein, dass sie vor einer großen Herausforderung stand. Meine Mutter war Analphabetin und konnte nicht lesen oder schreiben, aber im Laufe der Jahre entwickelte sie ihre eigene Schrift, mit der sie lesen und schreiben konnte. Außer ihr kann niemand ihre Zahlen und Schrift lesen, da es ihre eigene Kreation ist. Eine hochintelligente Frau.

Nach einer Weile versöhnten sich meine Eltern wieder. Mein Vater fand in Stuttgart auf der Gablenberger Hauptstraße eine große Wohnung. Im Hinterhof befand sich ein altes Kino, das nicht mehr in Betrieb war. Meine Mutter zog mit uns zu ihm. Wieder einmal mussten wir uns von unserem Umfeld trennen und alles von vorn beginnen: neue Schule, neue Freunde, neues Umfeld.

Ich musste die erste Klasse wiederholen und wurde daher mit meinem zwei Jahre jüngeren Bruder in dieselbe Klasse gesteckt. Als größeres Mädchen wurde ich von den anderen Kindern ausgelacht, da ich älter war und in dieselbe Klasse ging wie mein jüngerer Bruder. Die Schule war eine katholische Schule, die meisten Lehrerinnen waren Nonnen. Für mich war es sehr schwierig, da wir oft keine angemessenen Schulsachen hatten, wie Hefte, Stifte usw. Ich beschützte meinen Bruder und kein Kind in der Schule wagte es, ihm etwas anzutun oder zu sagen, da sie Angst vor mir hatten.

Es war für mich unerträglich, jeden Tag zur Schule zu gehen und Ausreden zu finden, warum ich keine Hausaufgaben gemacht hatte oder warum ich etwas vergessen hatte. Ich ging morgens mit meinem Bruder los, ließ ihn kurz vor der Schule alleine laufen und versteckte mich hinter einem Fliederstrauch, um sicherzustellen, dass mein Bruder auch in die Schule ging.

Abhauen von Daheim

Ich war elf Jahre alt, als ich den Streit meiner Eltern nicht mehr ertragen konnte. Meine ständigen Migräneanfälle waren so schlimm, dass ich manchmal eine ganze Woche im Bett verbringen musste. Eines Nachmittags nahm ich den kleinen

Pappkoffer meiner Schwester und packte eine Hose, ein T-Shirt, Unterwäsche, ein Heft und einen Stift hinein. Ich hinterließ eine Postkarte, auf der stand, dass ich die Streitigkeiten nicht mehr ertragen und meine Eltern nie wiedersehen wollte und dass ich deshalb von zu Hause weggehen würde.

Mit dem bisschen Geld, das ich bei mir hatte, kaufte ich mir ein Zugticket von Stuttgart nach Esslingen. Ich ging zu unserer alten Wohnung, die sich im ersten Stock eines Möbelbaubetriebs befand. Im Hof gab es einen kleinen Schuppen, der voller dreiteiliger Matratzen war. Ich versuchte, es mir dort bequem zu machen, aber es wurde dunkel und ich hatte Angst. In unserer alten Wohnung wohnten inzwischen Freunde meiner Eltern. Ich beschloss, hochzugehen und wurde hereingebeten. Sie waren überrascht, mich so spät am Abend allein zu sehen, und fragten mich, was ich dort tat. Ich erzählte ihnen irgendeine Geschichte und merkte, dass sie mir glaubten. Während die Frau in der Küche Essen für mich besorgen wollte und ihr Mann ihr folgte, packte ich meinen Koffer und verschwand.

Stundenlang streifte ich durch die Straßen von Esslingen. Es war mittlerweile Mitternacht, ich hatte Angst, Hunger und fror. Ich hatte keine andere Wahl, also beschloss ich, nach Hause zu gehen. Am Bahnhof sprach ich einen Mann an und bat ihn, mir Geld für das Ticket nach Stuttgart zu geben. Der Mann war besorgt und überrascht, mich so spät allein zu sehen, aber er besorgte mir das Ticket und setzte mich in den Zug. Die Strecke vom Bahnhof zu unserem Haus ging ich zu Fuß.

Als ich zu Hause ankam, war es inzwischen eine Uhr morgens. Meine Mutter öffnete die Tür und schrie mich an, wo ich so spät herkäme und was ich gemacht hätte. Ich erzählte ihr, dass

Als ich nach Hause kam, war meine Mutter so wütend, dass sie auf mich losging. Sie packte mich an den Haaren, warf mich gegen die Wand und schlug mich mit Fäusten und Fußtritten. Mein Gesicht war voller Blut und mein ganzer Körper zitterte und schmerzte unerträglich. Vor Schmerzen konnte ich mich nicht bewegen. Ich kann mich nicht erinnern, wie lange sie mich geschlagen hat und warum meine älteren Geschwister und mein Vater mir nicht zu Hilfe gekommen sind. Nur mein jüngster Bruder, gerade mal 4-5 Jahre alt, stand da wie erstarrt und schaute zu. Später erzählte er mir, dass dieses Ereignis ihn immer noch verfolgt und für ihn ein größeres Trauma war als für mich.

Am nächsten Tag erfuhr ich, dass meine Eltern meinen Abschiedsbrief gefunden hatten. Meine Geschwister lachten mich aus und machte Witze über mich. Trotzdem verbrachte ich meine Tage weiterhin im Klingenbach Park in Stuttgart Osten. Es war unangenehm, wenn Leute mich fragten, wer von meinen Eltern recht hatte und wer von ihnen ich am meisten liebte. Ich traute mich nicht, darauf zu antworten, und fand diese Fragen lächerlich. Die Leute hörten nicht auf, Fragen zu stellen und ich schämte mich. Für sie war es amüsant, sie lächelten dabei.

Ich hatte eine tiefe Leidenschaft für das Lesen, obwohl es in meiner Familie keine Lesekultur gab und kein einziges Buch vorhanden war. Als mein Bruder erfuhr, dass ich gerne lese, versprach er mir, Bücher zu besorgen. Eines Tages kam er mit seinem besten Freund und brachte zwei große Kartons voller Bücher in mein Zimmer. Mein Bruder beobachtete mich und gab mir mit einem Nicken zu verstehen, dass ich hineinschauen sollte. "Die sind für dich", sagte er. Ich war neugierig und aufgeregt zugleich. Als ich die Kartons öffnete, sah ich mindestens 40 Bücher auf Türkisch. Überwältigt von Freude und Dankbarkeit strahlte ich meinen Bruder an. Es war eines der schönsten Geschenke, die ich je bekommen hatte. Ich sprang auf und umarmte ihn, bedankte mich auch bei seinem Freund, dem die Bücher gehörten, und sagte, dass er sie nicht mehr brauche und nicht mehr lese. Mein Bruder lachte herzlich und drückte mich, während er meine Haare mit den Händen zerzauste.

Ich begann, die Bücher auszupacken und betrachtete jedes einzelne. Es gab unterschiedliche Bücher zu verschiedenen Themen, von Liebesromanen bis hin zu historischen Büchern. Ich fing an, mit den dünneren Büchern anzufangen, und las sie alle nach und nach.

Ich träumte von den Figuren in den Romanen und wollte etwas Besonderes in meinem Leben erreichen. Ich saß da und sagte mir, dass ich eine Aufgabe in dieser Welt habe und dass ich sie erfüllen werde.

Ich liebte auch klassische Musik, obwohl sie in meiner Familie nicht bekannt war. Zuhause wurde nie klassische Musik gehört oder gekannt. Jedes Mal, wenn ich in der Schule oder irgendwo klassische Musik hörte, regte sich etwas in mir. Mein Körper kribbelte, ich spürte Freude und Glück in mir aufsteigen. Es war eher das Gefühl, das mich zu dieser Musik hinzog.

1978 gab es eine Zeit, wo meine Eltern nicht mit ihrem Streit beschäftigt waren. Meine Mutter war nur noch am Weinen und wurde öfters ohnmächtig. Mein Vater war traurig und versuchte sie zu beruhigen. Wir bekamen mit, dass in unsere Provinzstadt viele Aleviten auf brutaler Weise ermordet wurden. Unter ihnen viele nähere Verwandte meiner Mutter. Das Pogrom von Kahramanmaras. Wir erfuhren, dass die Häuser der Alevitin mit einem roten Spray markiert wurden und die Familie aus ihren Häuser gezerrt, gefoltert und umgebracht wurden. Viele Frauen und Mädchen wurden vergewaltigt. Der schwangeren Frauen wurde der Bauch aufgeschlitzt und die Embryos getötet. Die Regierung unternahm nichts. Erst nach einigen Tagen.
Meine Mutter wollte unbedingt in die Türkei. Sie hat nicht ausgehalten. Sie und mein Vater folgen in die Türkei. Monatelang war zuhause eine große Trauer,

meine Mutter weinte sehr. Es gab nur dieses Thema. Sie erzählten wer alles und wie getötet war. Als dann meine Eltern das Flugticket hatten, merkte ich wie ich Angst um sie bekam. Ich wollte nicht, dass sie in die Türkei gingen. Ich hatte Angst, dass ihnen schlimmes passieren konnte.

Das war der Beginn, dass wir in kürzeste Zeit viel Besuch aus der Türkei bekommen haben. Die Menschen sind aus Angst ausgereist. Da sie keine Bleibe hatten, nahmen meine Eltern sie auf. Manchmal waren es 6-7 Leute. Wir mussten zum Teil sie auf die Behörden begleiten und dolmetschen.

Meine Eltern waren überfordert. Die Wohnung war plötzlich voller Menschen und es gab nicht genug Platz für alle. Wir mussten uns das Zimmer teilen und auf dem Boden schlafen. Es war chaotisch und laut. Ich vermisste meine Ruhe und meine Zeit für mich selbst. Doch ich verstand auch die Notlage dieser Menschen und war bereit, ihnen zu helfen.

Trotzdem war es eine schwierige Zeit für uns alle. Die Türkei war in Aufruhr und es gab viele politische Konflikte. Meine Eltern waren besorgt um ihre Verwandten und Freunde dort. Und jetzt hatten sie auch noch die Verantwortung für all diese Menschen, die bei uns Unterschlupf gefunden hatten.

Aber meine Eltern blieben stark und hielten zusammen. Sie arbeiteten hart, um für alle zu sorgen und gaben ihr Bestes, um ein Zuhause für alle zu schaffen. Ich lernte in dieser Zeit viel über Solidarität und Mitgefühl und wie wichtig es ist, für andere da zu sein, besonders in schwierigen Zeiten.

Leben nach der Wahrheit der anderen

Mein ganzes Leben hindurch wurde mir immer wieder gesagt, dass ich mich nicht außerhalb der gesellschaftlichen Regeln, Normen und Gesetze bewegen darf. Ich sollte alles, was ich tun will, innerhalb dieser Grenzen und Rahmen tun, um zu überleben. Doch wenn diese Regeln, Normen und Gesetze den Menschen so viel Leid zufügen und ihre Natur zerstören, ohne dass sie sich selbst oder andere hinterfragen, wie kann ich mich daranhalten? Ich kann es nicht tun, so zu tun, als ob alles in Ordnung wäre, wenn ich das Gefühl habe, dass es nicht so ist.

Wie kann ich Menschen glauben schenken, die von Frieden, Liebe und Gemeinschaft sprechen, aber in ihren eigenen Familien, bei ihren Kindern und Nachbarn nicht in der Lage sind, diesen Frieden zu leben und zu fördern? Wo es Widersprüche gibt, bin ich nicht. Es gibt so viele Widersprüche in mir und um mich herum, dass ich damit nicht umgehen kann.

Ja, das macht mich einsam und traurig. Das ist mein größtes Leid.

Ich habe das menschliche Leben und die Menschen nicht verstanden. Unbewusst und freiwillig habe ich meine Macht an andere abgegeben, ihnen damit die

Erlaubnis gegeben, mit mir zu tun, was sie wollten. Sie behandelten mich wie ein Eigentum oder Spielzeug, dessen Wert nur bestand, wenn sie mich benötigten. Sie erkannten nicht, dass ich ein Mensch mit Emotionen, Gedanken und Bedürfnissen bin.

Ich kann ihnen keine Schuld geben. Ich habe ihnen unbewusst und freiwillig diese Macht verliehen. Ich ging aus von Liebe und Mitgefühl, aber es war nicht der Fall.

Ich fragte sie nach ihrer Meinung und bat sie um Erlaubnis, wenn ich meine Bedürfnisse verfolgte. Ich merkte, dass ich ein schlechtes Gewissen hatte, wenn ich etwas für mich selbst wollte oder tat. Ich fragte sie, was sie von mir brauchten, und gab ihnen dann alles, was sie wollten. Ich gab ihnen unbewusst und freiwillig die Kontrolle über mein Leben, meinen Körper, meine Zeit, meine Gefühle und Bedürfnisse. Ich erlaubte ihnen, mich zu sehen, wie sie mich sehen wollten, und nutzten mich, wie sie wollten.

Ich dachte, wenn ich mich ihnen offen zeige, mit all meinen Gefühlen, Gedanken, Schwächen und Stärken, dass wir gemeinsam wachsen könnten.

Ich gab anderen die Macht, über mich zu urteilen und mich nach ihren Bewertungen und Vorstellungen zu formen. Statt meiner eigenen Wahrheiten zu leben, verpflichtete ich mich unbewusst, nach der Wahrheit der anderen zu leben. Wenn sie mich als verrückt bezeichneten, akzeptierte ich diese Einschätzung. Wenn sie sagten, ich sei wertlos, glaubte ich es. Ich konzentrierte mich ständig auf meine Schwächen und Fehler, ohne zu erkennen, dass dies andere gegen mich einnahm und mich ablehnte. Je mehr ich ihnen gab, desto mehr nahmen sie sich das Recht, über mich zu urteilen. Je mehr ich versuchte, sie zu verstehen, desto mehr hielten sie mich klein.

Irgendwann bemerkte ich, dass ich unsichtbar geworden war und dass in mir nur noch Widersprüche herrschten. Der Druck und die Widersprüche waren so groß, dass ich feststellte, dass ich verloren war. Ich war nicht mehr vorhanden, sondern nur noch eine Sammlung und Zusammenstellung der Meinungen anderer. Wann habe ich angefangen, mich zu verleugnen? Wann habe ich angefangen, mich abzulehnen? Wann habe ich begonnen, mein Leben wegzuwerfen? Wer war ich? Was waren meine Bedürfnisse? Hatte ich Träume und Wünsche? Wie wollte ich sein und leben?

Ich gab den Urteilen, Bewertungen, Entscheidungen und Meinungen der anderen zu viel Gewicht. Warum tat ich das? Ich wollte nur, dass sie wissen, dass ich sie liebe und dass sie nicht so leiden müssen wie ich. Ich wollte ihnen helfen und ihnen die Möglichkeit geben, das zu sein, was sie sind.

Die innere Stimme spricht mit mir

Wenn der Körper stirbt, wo bin ich dann? Wo ist mein Geist, der denkt, fühlt und handelt? Wenn ich nicht mehr in meinem Körper bin, wo bin ich dann? Wenn ich meinen Körper verlasse, ist er wertlos, nur ein leeres Gefäß, das zusammenbricht. Haben nur ich die Macht, ihn zu aktivieren? Und wenn ja, wie lange? Liegt es an mir oder an etwas anderem? Mein vergänglicher Körper ist nur ein Gefäß, durch das ich mich ausdrücke. Habe ich vergessen, wer ich bin, was ich bin, woher ich komme, warum ich hier bin und wohin ich gehe? Bin ich von der Illusion des Daseins geblendet? Was bin ich? Ich will mich erinnern, ich will wissen, wer oder was ich bin. Ich will wissen, was es bedeutet, ein Mensch zu sein. Ich will es wissen!

Was ist meine Macht? Die Stammzelle, aus der mein Körper gebaut ist, enthält den Bauplan und die Intelligenz, die ihn erschaffen hat. Woher kommen diese Intelligenz und das Wissen? Unser menschliches Bewusstsein kann es nicht verstehen und wir sind noch nicht in der Lage, einen menschlichen Körper nachzubauen. Aber wenn diese Intelligenz Teil von uns ist, muss es einen Weg zu diesem Wissen geben. Ich will diesen Weg erkennen! Ich will mich erkennen! Ich will jetzt wissen, wer ich bin!

Wach endlich auf! Erinnere dich an dich selbst! Erinnere mich endlich an mich. Ich erinnere mich an meine Herkunft. Ich bin es! Ich habe mich erschaffen. Ich trage das universale Wissen und die Weisheit in mir. Ich habe alles, was ich brauche, in mir. Ich will meine Macht, meine Weisheit und meine Kraft spüren! Ich will es wissen! Ich will mich erinnern! Ich will es! Möge mein Wille geschehen!

Zwangsheirat:

Mit 13 Jahren wurde ich zu einer Zwangsheirat gezwungen. Eines Tages kam ich von der Berufsvorbereitungsschule nach Hause, als meine Eltern in ihrem Auto vor mir hielten und mich aufforderten einzusteigen. Ich war durchnässt von dem Regen, aber freute mich darüber. Als ich im Auto saß, teilte mir meine Mutter mit, dass ich den Verlobten meiner Schwester heiraten sollte. Der Verlobte meiner Schwester, aber als sie mit meinem Cousin durchbrannte, wurde ich als Ersatz für die Hochzeit ausgewählt.

In den drei Tagen vor der Hochzeit wurde unser Zuhause von fremden Verwandten von meinem Exmann überflutet und ich wurde zu Einkäufen gezwungen, um Brautkleid, Schuhe und Anzug für den Bräutigam zu kaufen. Ich war schockiert und fühlte mich wie in einem Traum gefangen, in dem ich keine Kontrolle über meine eigene Zukunft hatte.

Ich wurde zu einem Opfer gemacht, um Ruhe und Frieden in meiner Familie zu schaffen. Ich fühlte mich entfremdet von meiner eigenen Familie und meiner eigenen Zukunft. Es war ein schmerzhafter und traumatischer Moment in meinem Leben, an den ich mich immer erinnern werde.

Am Freitagabend brachte mich meine Schwägerin ins Badezimmer, um mich auf die bevorstehende Ehe vorzubereiten. Sie erklärte mir, was ich tun musste, um mich für die Hochzeitsnacht bereit zu machen.

Am Samstagmorgen besuchte ich mit ihr einen Friseur, wo ich meine Haare hochgesteckt und geschminkt wurden. Danach wurde mir das Hochzeitskleid angezogen und ich trug die wunderschönen cremefarbenen Schuhe, die extra für diesen Anlass gekauft wurden. Diese Schuhe waren das Einzige, was mir das Gefühl gab, wie eine Braut auszusehen.

Die Hochzeitsfeier fand in einem Raum eines Restaurants in Rheinberg bei Moers statt und es nahmen nicht mehr als 30 Personen daran teil. Es wurde Musik aus einem Kassettenrecorder abgespielt, aber ich kann mich nicht daran erinnern, ob es getanzt wurde. Irgendwann während der Feier begann ich zu weinen und meine Schminke lief ab, ich nahm die Hochsteckfrisur aus. Spät in den Abendstunden standen wir auf und ich war jetzt die Ehefrau meines Exmannes. Die Feier dauerte nur vier Stunden und es war bereits alles vorbei. Mein Vater teilte einen Apfel und sprach ein Gebet in meinem Zimmer, was wohl als Trauung gedacht war.

Ich musste mit ihm und seiner Verwandtschaft, die ich nicht kannte, in Richtung Frankfurt fahren. Mit dem Brautkleid saß ich im Auto und wir fuhren los. Wir machten einmal an einer Raststätte Pause, aber ich kann mich nicht mehr daran erinnern, wie lange wir unterwegs waren. Als wir ankamen, war es mitten in der Nacht. Im Untergeschoss war ein Zimmer für uns vorbereitet. Ich musste mit ihm das Zimmer teilen und ich kann mich nicht mehr daran erinnern, wie der sexuelle Akt stattfand

Ich war verändert, ich war ruhiger, stiller geworden. Mir wurde der Platz in der Familie einfach weggenommen. Ich gehörte nicht mehr in diesem Haushalt. Ich war jetzt kein Teil mehr von ihnen. Ich war jetzt unter der Kontrolle eines mir fast fremden Mannes, der keine Rechte in Deutschland hat, der die Sprache nicht sprach. Der Gekränkt und Zornig war.

Ich kam mir wir eine Fremde vor, die keine Ansprüche und Rechte in dieser Wohnung, in dieser Familie hatte. Mir gings nicht gut, ich fühlte mich sehr unwohl. Meine Mutter zeigte mir bei jeder Gelegenheit, dass wir nicht willkommen waren. Sogar beim Essen bekam ich Schulgefühle, als würde ich etwas Verbotenes machen.

Ich hatte jetzt eine Verantwortung bekommen und musste diese bewältigen. Ich stellte keine Fragen, ich tat alles, was ich tun musste. Ich war noch ein halbes Kind und doch schon Erwachsen. Ich bekam eine Rolle, in der ich erst hineinwachsen musste.
Das rebellische Mädchen war nicht mehr da. An ihre Stelle kam ein halbes Kind halb Frau, die keine Ahnung vom Leben, Haushalt, Arbeit, Ehe oder ähnliches hatte. Es war für mich ein komplett fremdes Gebiet.
Also suchten sie für uns eine Wohnung. In Krefeld fanden sie eine Wohnung für uns und auch sie hatten eine neue Wohnung in demselben Haus gefunden. Oben im Dachgeschoss, was als Wäschetrockner benutzt wurde, wurde für uns eine Wohnung gemacht. Es hatte 2 Zimmer und 1 Küche. Ein WC und ein Waschbecken draußen im Eingang beim Treppenhaus. Es gab kein Bad. Die Wohnung wurde mit gebraucht Möbel bestückt.

Mein Mann wurde immer schlimmer. Ich durfte ohne ihn nichts entscheiden, nichts tun. Schon am Anfang an hat er entschieden, dass ich mit ihm aus einem Teller esse. Er hat bestimmt wie ich mein Tee, mein Kaffee trinke. Was ich anziehen darf und was nicht.
Er suchte meine Kleidung aus. Er hatte immer einen Grund, warum ich etwas nicht machen konnte und das, was ich mache nicht gut genug ist.
Er hat entschieden mit wem ich reden darf und mit wem nicht. Sobald ich etwas sagte, wurde ich angeschrien. Er war dann beleidigt, hat mit mir nicht gesprochen.

Er aß sehr scharf. Da ich aus seinem Teller essen musste, musste ich auch scharf essen. Mein Mund brannte, meine Augen tränten. Ich konnte nicht essen, er zwang mich dazu.

Wenn er Tage ging ins Kaffee und er schloss die Tür zu, nahm den Schlüssel mit. So war er sicher, dass ich nicht weggehen konnte oder jemand zu mir kommen könnte.
Manchmal trafen sich die Frauen in dem Stockwerk unter uns. Es gab Frauentage. Sie saßen gemeinsam, unterhielten sich, aßen und lachten miteinander. Ich wurde auch eingeladen. Inzwischen waren wir mit dem Gastgeber familiär sehr eng befreundet. Er kam immer mit, wenn ich unten war und saß als einzige Mann mit in der Frauenrunde. Irgendwann sagten die Frauen, ich soll doch nicht mehr kommen. Wenn mein Mann immer dabei ist, fühlen sie sich nicht frei. Sie können nicht offen sich unterhalten, wenn ein Mann dabei sein. Ihm hat es gar nicht gestört. Er fühlte sich wohl.

Nach kurzer Zeit haben sich meine Eltern sich mit meinem Mann gestritten. Ich durfte nicht zu meinen Eltern runter und mit ihnen nicht reden.

Ich hatte keine feste Arbeitsstelle. Mein Mann noch keine Arbeitserlaubnis. In St. Tönis war gerade Erdbeerzeit. Die Bauern suchten Erntehelfer. Also nahmen wir den Job an. Pro Kasten Erdbeeren gab es 5 DM. Morgens um 5 Uhr musste man auf dem Feld sein. Es gab einen überdachten Erntewagen mit 4 Räder. Gegenüberliegend befanden sich zwei Bänke. Auf der einen saß man und auf der anderen waren die Ernte und die leeren Kisten. Mit den Füssen wurde der Wagen fortbewegen. Die Füße standen außerhalb der Beete.
Morgens war noch überall Tau. Die ersten Stunden, bis die Sonne aufging war es kalt. Manchmal habe ich meine Hände und Finger nicht mehr gespürt. Es war nass und kalt. Auch wenn es geregnet hat, arbeiteten wir. Ich musste ca. 6 KM mit dem Fahrrad zu dem Acker hinfahren.

Wir hatten kein Geld. Deshalb wurden wir von einer bekannten Familie in der Nähe von Mainz eingeladen. Wir konnten für 1-2 Wochen bei den Kirschernte mithelfen und somit ein wenig Geld verdienen. Da mein Mann als einen Asylantrag gestellt hatte, durfte er in Deutschland nicht arbeiten und hatte auch keinerlei Rechte. Ich musste einen Anwalt nehmen, damit er hier in Deutschland einen Aufenthalt Titel bekommen. Dafür musste ich arbeiten und für den Unterhalt und seine Kosten aufkommen.
Irgendwann nach ca. 3 Monaten habe ich festgestellt, dass ich Schwanger bin. Ich wurde in der ersten Nacht schwanger, habe aber körperlich nichts mitbekommen. Ich suchte mir einen Job und fand bei einem Mangel eine Stelle. Es war Höllen heiß, die Mangelwalzen waren mindestens 2 Meter lang und einen Durchmesser von 50 cm. So war meine Wahrnehmung. Wir haben die Bettlacken durch die Mangel ziehen lassen und dann sie gefaltet. Ich kann mich nicht so richtig daran erinnern. Ich denke, es war eine Wäscherei. Ich habe keinerlei Unterlagen darüber. Aber auch sonstige Erinnerungen. Nur die riesigen Walzen.

Kurz vor der Geburt meiner Tochter, standen 2 Polizisten vor der Wohnungstür. Sie sagten, dass ich noch schulpflichtig bin und in die Schule muss. Ich zeigte ihnen mein Bauch und sagte, dass ich bald mein Kind auf die Welt bringen würde. Daraufhin sind sie wieder gegangen.

Ende 81 kam meine Tochter auf die Welt. Sie war 5 Wochen zu früh. Ich hatte wieder einmal starke Migräne und es war mir schlecht. Sie mussten die Geburt einleiten. Nach der Geburt hatte ich innere Blutungen wurde behandelt. Nach einer Woche durfte ich mit meiner Tochter nachhause gehen. Auch diese Zeit ist aus meinem Gedächtnis nicht mehr abrufbar. Ich kann mich nicht daran erinnern. Ich durfte meine Tochter nicht stillen, da ich noch Antibiotika nehmen musste.
Als meine Tochter 11 Monate alt war, beschloss mein Mann sie in die Türkei zu seinen Eltern zu bringen, damit er auch arbeiten kann. Ich wurde nicht gefragt. Er nahm das Kind und flog in die Türkei.

Mir fehlte meine Tochter, ich vermisste sie so sehr. Es tat weh. In der Zeit als er meine Tochter in die Türkei brachte traute ich mich etwas zu tun, was ihn ärgern würde.

Es gab niemand mit dem ich darüber reden konnte. Der mich trösten könnte. Ich stand allein da. Es war für mich eine schwierige Zeit. Gleichzeitig ist der Streit meine Eltern schlimmer geworden.

Daher musste ich immer um 4 Uhr morgens aufstehen. Eine Zeitlange haben wir bei der Gärtnerei gearbeitet. Und den Sämlingen umgepflanzt. Viel Geld gab es nicht dafür, aber Genug davon zu leben.
Irgendwann habe ich eine Putzstelle gefunden. Unsere Vorarbeiterin holte und morgens um 6 Uhr mit dem Bus an der Straße ab. Sie sammelte erst einmal alle Mitarbeiterinnen. Meisten haben wir das Krankenhaus in Willich geputzt. Nachmittags hatte ich noch eine Putzstelle in einem Metallfirma gefunden. Im Krankenhaus mussten wir, wenn jemand gestorben ist, auch die Wände mit feuchtem Mopp putzen. Jedes Mal, wenn ich die Wände mit dem nassen Mopp wische, kam die ganze Brühe auf mich. Am liebsten polierte ich mit der Poliermaschine die Flure. Ich mochte die Poliermaschine, die sehr schwer war mit voller Kraft anzupacken und hin- und her zu schwingen. Der Boden glänzte hinterher, so dass ich mein Spielbild sah.

Nachdem unsere Tochter in der Türkei war, hatte ich eine feste Arbeitsstelle als Putzfrau. Wir zogen aus der Wohnung um.
Die Wohnungen wurden noch mit Kohle geheizt. Es war anstrengend jeden Morgen aus dem tiefen Keller die Kohle hochzuschleppen, um den Offen anzuzünden. Es dauerte, bis die Wohnung warm wurde. Wir hatten im Flur ein Waschbecken und wuschen uns mit dem kalten Wasser ab. Im Winter war das Wasser eisig.

Unsere neue Wohnung war gerade mal 300 Meter von der alten Wohnung entfernt. Es waren 2 Zimmer, eine große Küche und Bad und Flur. Die Wohnung war sehr modern. Mit Heizung und Warmwasser.

Mein Mann hatte endlich seine Arbeitserlaubnis und bekam ein Job in einem Unternehmen in Willich. Er musste 3 Schichten arbeiten. Dadurch hatte mehr Freiheiten. Ich durfte vieles nicht tun, traute mich auch nicht.

Inzwischen zogen meine Eltern wieder nach Stuttgart.

Es war kein Problem, dass Menschen zu uns kamen und wir Spaß hatten. Es war aber ein Problem, dass ich ohne ihn irgendwohin gehen durfte. Er war nie zufrieden mit dem was ich tat, es wurde viel gemeckert und kritisiert an mir.

Als ihn heiratet hatte ich keine Ahnung vom Haushalt, Kochen oder Sonst was. Ich war wie ein ungezähmtes Wildes Mädchen. Ich habe das getan, wonach es mir war. Ich spielte Fußball, habe mich für Kampfsport, Tanzen, Musik interessiert. Er war im Gegensatz zu mir gut im Haushalt. Er konnte hervorragen kochen und auch alles andere im Haushalt. Er war aber zwanghaft.
In der Wohnung durfte kein Staub zu sehen sein. Ich musste regelmäßig alle Küchengeräte und Schränke hervorholen, um hinten und unten sauber zu machen. Im Haushalt musste alles perfekt sein. Es durfte nichts liegen bleiben. Kein Geschirr, keine Wäsche. Er hat Stoffhosen und Hemden getragen. Wenn ich einmal die Bügelfalte nicht richtig hatte, wurde er sauer. Er sagte immer, dass die Bügelfalte von den Hosen scharf, wie eine Klinge sein muss. Er hat mir alles beigebracht. Und hat auch im Haushalt mitgeholfen.
Ich war sein Eigentum, also durfte er mit mir so umgehen, wie er wollte. So sah auch die Gesellschaft an. Er ist dein Mann hat das Recht seine Frau zu schlagen oder zu lieben. So war das Gesetzt und keine durfte sich einmischen.
Eines Tages war der Druck so groß, dass ich ein Wutausbruch bekam. Meine Wutausbrüche hatten eine zerstörerische Art. Aus Verzweiflung schlug ich mit meinen Fäusten gegen die Wandschräge unseres Wohnzimmers im Dachgeschoß. Die Wut kann Kräfte auslösen, die man sich gar nicht vorstellen kann. Meine Hände waren angeschwollen, die Fingerknöcheln bluteten. In der Wand waren mehrere Löcher entstanden. Nur Rehgipsplatten, wie ein Hammer schlug ich weiterhin darauf ein, bis ich erschöpft war.
Das Jahrelange unterdrücken den eigenen Bedürfnissen, hat mich zu einem Monster gemacht. Ich hatte selbst Angst vor mir, wenn ich wütend war. Denn in diesem Moment war ich unberechenbar.

Nach ca. 2 Jahren bekam er endlich seine offizielle Arbeitserlaubnis. Durch die Arbeit konnte er mich nicht mehr so kontrollieren. Ich hatte mehr Freiheiten erlangt. Er fand eine Arbeit in Willich. 3 Schichten. Inzwischen waren viele seine Verwandte nach Deutschland eingereist.
Irgendwann war unsere Wohnung überfüllt. Sie hatten keine Bleibe, daher haben Sie alle bei uns gewohnt. Ich kümmerte mich um ihre rechtlichen Angelegenheiten bei Behörden, Ärzte und sonstiges. Jedes Wochenende hatten wir Besuch überall. Dadurch kam ich viel mehr raus. Auch, dass er jetzt eine feste Arbeitsstelle hatte, gab mir den Raum selbständiger zu werden. Ich half nicht nur seinen Brüdern, sondern viele andere in Krefeld, die nicht Deutsch sprachen. Öfters hatte mein Mann den Leuten versprochen, dass ich mit auf Behörden, Ärzte gehen kann.

Jedes Wochenende hatten wir Besuch. Es kamen viele Musiker überall her. In Köln gab es damals ein Aufnahmestudio. Viele haben Ihre Musik auf Kassetten aufgenommen und veröffentlicht. Die Vorbereitung fanden bei uns in der Wohnung statt. Sie kochten und tranken viel Alkohol. Ich war immer die einzige Frau und musste sie bedienen. Da ich nicht gut Kochen konnte, brachten Sie mir das Kochen bei.
Mein Mann hatte 3 Schichten. Wenn er dann am Montag früh zu Arbeit ging, musste ich schon um 4 Uhr aufstehen und seine Vesper vorbereiten. Erst wenn er zu Arbeit ging, durfte ich weiterschlafen. Manchmal wenn er zu Arbeit ging, morgens, war unser Wohnzimmer noch von seinen Bekannten und Freunden, die ihren Rausch auszuschlafen belegt. Auf der einen Seite war er sehr eifersüchtig und hat mir nichts erlaubt, hat bestimmt wie ich zu leben haben, auf der anderen Seite ließ er mich mit seinen betrunkenen Freunden in der Wohnung allein.

Die meisten von Ihnen waren aufdringlich. Die Vergewaltigungen, die Übergriffe, waren nicht selten.

Mein Mann beschimpfte und beleidigte meine Familie. Er wollte mit ihnen keinen Kontakt, mir hatte es auch verboten mit irgendjemand aus meiner Familie Kontakt aufzunehmen.
Zwischendurch gab es Versöhnungsmomente. Nach einigen Jahren durfte ich mit ihm zusammen meine Eltern in Stuttgart besuchen.
Ich hatte gehört, dass meine Schwester sehr krank ist. Ich hatte sie seit mehr als 5 Jahren nicht gesehen und gesprochen. Ich habe mich entschieden sie zu besuchen. Mein Mann war bei meinen Eltern geblieben. Als ich nach 2 Stunden wieder in der Wohnung meiner Eltern war und ins Wohnzimmer kam, stand er wutentfachtet vor mir.
Meine Eltern saßen auf dem Sofa. Er war sehr wütend und sauer. Er holte mit all seiner Kraft die Hand aus und knallte mir so eine, dass mir Schwindlig wurde. Beschimpfte mich als Hurre, die sich rumtreibt.
Er hätte mir nicht erlaubt, meine Schwester zu besuchen. Ich hätte ihn hintergangen. Meine Eltern saßen stillschweigend da und haben nichts getan. In mir kochte die Wut, Hass auf. Ich schwieg. Ich bin in das Zimmer von meinem Bruder gegangen. Vor lauter Wut konnte ich nicht einmal weinen.
Ich habe über all die 10 Jahre, während ich bei ihm war mich geweigert zu weinen. Meine Wut in mir hat es verhindert. Ich redete nicht viel. Ich schwieg die meiste Zeit. Es gab in meinem Umfeld niemand mit dem ich meine Gedanken, meine Gefühle, meine Schmerzen teilen konnte.
Ich traute niemand. Meine Hefte waren mein Geheimnis. Irgendwann habe ich angefangen aus Not zu schreiben. Da ich nicht wollte, dass er versteht, was ich schreibe, suchte ich für mich eine Form von Gedichten aus. Die Gedichte und

mein innen Leben wurden mein tiefstes Geheimnis. Über die Jahre suchte ich immer wieder neue Verstecke, so dass er sie nicht zu Gesicht bekommt. Sie haben es überlebt. Später ist mir bewusst geworden, dass ich unbewusst eine Art von Therapie gemacht habe.
Der Mensch ist ein unglaubliches Wesen, unbewusst sucht es sich ein Weg zum Überleben.

Durch die Antidepressiva und Wutausbrüche war ich erschöpft. Ich tat nur das, was notwendig war. Ich schwieg. Ich versteckte mich. Es hat keinen Sinn. Egal was ich sagte, was ich machte, es brachte nichts. Wenn der Gegenüber nicht bereit ist dich zu verstehen, dich anzuhören und nur ein Gefangene seine Gedanken und Gefühlen ist. Hast du keine Macht etwas klarzustellen.
Er schaut mir in die Augen und lügt mich an und glaubt selbst an seiner erfundenen Lüge. In diesem Fall gibt es nichts zu machen. Also hielt ich den Mund.
Er ist überfordert mit mir. Und fährt mich nach Köln zu seinem Paten, der als Heiler, angesehener Mann gilt. Mein Mann benimmt sich unterwürfig. Er beugt sich vor diesem Mann, der kaum älter ist als er. Der Pate sagte ihm, wenn ich eine Nacht bei ihm schlafe, würde ich geheilt werden. Er muss ja so an ihm glauben, dass er das tatsächlich macht. Sein Pate wurde von seiner Frau verlassen. Er lebte mit seine 2 Töchter, die nicht älter waren als ich zusammen. Ich sprach kein Wort. Ich war müde und erschöpft. Es war mir alles egal, ich konnte nicht mehr.
Ich hatte keine Kraft. Es war alles sinnlos. In einem Zimmer bereiteten sie mein Bett vor. Sie legten eine Matratze auf dem Boden, bezogen die das Bett und Kissen. Ich lag mich mit meinen Kleidern ins Bett und schlief ein. In der Nacht merkte ich wie er zu mir ins Bett kam. Er hielt mit der einen Hand mein Mund zu und flüsterte mir ins Ohr, dass ich still sein soll. Es wird nichts passiere, wenn ich den Mund nicht aufmache. Er fing an mit seinen Händen unter meiner Kleidung zu gehen. Ich spürte seinen Atem, das nach abgestanden Alkohol roh. Ich spürte seine Erregung. Als er mit seiner Hand meine Schamhaare berührte, sagte, dein Mann ist ein Idiot, sagte nicht, dass du sie rasieren muss. Es gehört sich nicht. Mir liefen die Tränen, ich war erstarrt. Er zog meine Hose aus und verging sich an mir. Als er fertig war, sagte mir, es tut ihm leid, er wollte das nicht und ging aus dem Zimmer.
Ich lag im Bett weinte vor mich hin. Mein Körper zitterte. Der emotionale Schmerz war so stark, dass ich am liebsten einfach sterben wollte. Ich lag die ganze Nacht wach. Ich schämte mich. Ich fühlte mich noch mehr dreckig und schmutzig. Ich war nicht mal wütend. Nur verletzt und enttäuscht. Ich hatte mich aufgegeben, ich hatte resigniert.
Morgens traute ich mich aus dem Zimmer zu gehen. Die Mädchen holten mich dann raus. Ich wusste nicht, wie ich mich benehmen sollte. Ich war sehr unsicher geworden. Ich sagte kein Ton. Ich sprach nicht. Ich nickte nur mit dem Kopf. Ich

aß und trank nicht. Gegen Nachmittag holte mein Mann mich ab. Sie unterhielten sich im Wohnzimmer lange miteinander. Mein Mann schien erleichtert zu sein. Der Pate tat so, als wäre alles in Ordnung. Ich schaute die ganze Zeit nach unten. Mein Kopf hing nach unten. Ich konnte keinen von ihnen ansehen. Ich wollte keinen von Ihnen ansehen. Ich war tief verletzt, ausgenutzt, wie ein Stück Dreck, wie ein Gegenstand behandelt. In mir war eine tiefe, schmerzhafte Trauer.

Ohnmacht

Eine Gesellschaft die auf Lügen, Verleumdung, Betrug, Selbstsucht aufgebaut ist. Der Schein, in dem die meisten von Ihnen sich verstecken und sich und die anderen gegenseitig belügen, nennt man Respekt, Wertschätzung. Heuchlerei, Missbrauch, Vergewaltigung.

Ein Mann, der vor Selbstsucht und Eifersucht mir meine Freiheit raubt, serviert mich auf dem goldenen Tablett anderen Männer. Das nennt er dann Ehre. Sie hintergehen einander, lügen sich an und erzählen mir, was richtig und falsch ist. Sie urteilen über mich, bewerten mich.

Müde von Liebe, erschöpft und verletzt, eingesperrt in den Kerkern der Ungerechtigkeit. Die Hoffnungen sind davongeflogen wie ein Irrläufer, und ich drehe mich im Kreis, wiederholt sich immer wieder mein unglückliches Schicksal. Meine Träume haben mich verlassen und mein Innenleben ist von Hoffnungslosigkeit und Leid erfüllt. Der Weg scheint endlos und kein Licht ist in Sicht. Wohin mich mein Weg führen wird, ist ungewiss.
Mein Dasein ist eine Qual, meine Seele trauert um mein Leben. Was ist das Leben? Wieso bin ich noch am Leben? Wann wird meine Abreise kommen? Jeden Tag warte ich sinnlos, es gibt keinen Zweck, an dem ich mich festhalten kann. Ich zwinge mich, in dieser endlosen Zeit weiterzumachen, obwohl es mir nicht gut geht. Was bleibt, ist nur das Weiterleben. Der Schmerz hat keine Grenzen, die Sehnsüchte keinen Namen, die Leere keine Fülle.
Immer wieder schreibe ich dieselben Sätze, Wörter, ich habe mich wieder an einem Punkt festgehalten, den ich nicht loslassen kann oder will.
Die Phase endet, eine neue beginnt. Wie wird es sein? Werde ich vielleicht einen Sinn finden, um mich auf das Dasein freuen zu können? Kann ich das Leben jemals lieben?
In mir brennt ein Chaos, ich habe keinen Überblick über mein Innenleben. Habe ich aufgegeben oder kämpfe ich noch? Ich weiß es nicht.

Aufwachen

Ich merkte nicht, dass ich in meiner Opferrolle, meiner Resignation, in meinem Mitleid mit mir selbst, ihnen den Raum anbot. Das Hilflose Opfer zu sein.

Meine Wut, mein Ekel war so groß, dass ich irgendwann anfing mich zu wehren. Ich trennte mein Schlafzimmer von meinem Mann.
Er durfte mich nicht anfassen. Ich habe es nicht toleriert, wenn er körperlich in meiner Nähe war. Ich wurde aggressiv und hysterisch, wenn er nur seine Hand ausgetreckt hat.
Mein Schlafzimmer war neben unser Schlafzimmer. In meinem Zimmer stand ein Kohleoffen. Wir heizten noch mit Kohle. Die Kohle wurde im Keller des Hauses gelagert. 4 Stockwerke runter laufen und mit dem Kohler Füller aus dem Keller die Kohle hochtragen, den offen anmachen. Eines Tages gab es wieder eine Auseinandersetzung und ich war so wütend, dass ich in Zimmer gegangen bin und diesen Kohleofen aus Gusseisen vor die Tür gestellt habe, so dass keiner reinkommen konnte. Ich wollte nur meine Ruhe haben. Ich wollte, dass sie mich für einen Moment in Ruhe lassen, ich würde mich beruhigen, wenn ich nur einige Minuten allein wäre. Sie konnten aber nicht aufhören auf mich brüllend einzureden. Mich wieder zurecht zu weisen, mir klarzumachen, wo meine Grenzen waren. Die Wut machte mich so stark, dass ich nicht weiß, wie ich diesen schweren Offen überhaupt vor die Tür gestellt habe. Sie klopften und schrien weiter. Sie konnten aber nicht rein. Ihnen blieb nur die Möglichkeit die Tür einzuschlagen. Also gaben sie nach einer Zeit nach. Ich weiß nicht, wie viele Stunden ich dann dasaß. Irgendwann war ich wieder ruhig und bei mir. Ich hatte Schwierigkeiten den Offen wegzuschieben, um wieder die Tür freizumachen.

Eines Tages klingelte an der Wohnungstür. Als ich aufgemacht hab, stand wieder ein Freund von ihm vor der Tür und wollte reinkommen. Ich sagte, dass mein Mann nicht zuhause ist und daher ich ihn nicht reinlassen kann. Er sagte, er wisse, dass mein Mann nicht da ist. Er sei auch wegen mir gekommen und packte mich am Arm, drängte mich in die Wohnung, schließ die Tür zu und versuchte mich zu küssen. Ich lag schon auf dem Boden und wehrte mich. Er war wie ein wildgewordenes Tier. Ich hatte nach etwas gesucht und griff nach einer leeren Flasche. Mit der ganzen Wucht und Wut, Eckel in mir schlug ich mit der Flasche auf dem Kopf. Er schrie laut und lies von mir los. Ich sah nur, wie das Blut aus seinem Kopf durchschoss. Ich zitterte am ganzen Körper. Er hielt sein Kopf und rannte aus der Wohnung raus. Ich saß noch eine ganze Weile auf dem Boden und zierte am ganzen Körper. Irgendwann bin ich aufgestanden und habe aufgeräumt.

Es war schon das zweite Mal, dass ich mich wehrte und diesmal hatte noch ein erhabenes Gefühl. Dies Gefühl tat mir gut. Ich fühlte mich stark. Es gab mir

Lebensmut. Es war so, als hätte ich etwas entdeckt, was meine Ohnmacht schwächer machte. Ich war zufrieden mit dem, was ich tat.
Als mein Mann gegen Abend nach Hause kam, hat er schon erfahren, was passiert ist. Er schrie mich an, was mir einfallen würde, dass ich seinen Freund verletzt habe. Ich sei bescheuert. Ich sollte mich bei seinem Freund entschuldigen. Wie soll er jetzt sein Gesicht gegenüber seinem Freund bewahren. Er tat so, als hätte ich ein Verbrechen begangen.

Dies war der letzte Missbrauch oder der Versuch eines Missbrauches durch einen Mann in meinem Leben.
Ich hatte gefühlt, wie es ist sich zu wehren. Ich hatte meine Macht, meine Kraft, wenn es auch nur ein kleiner Teil war, entdeckt.

Ich hatte Angst vor mir, wenn ich wütend war. Ich habe mich verletzt und mir Schaden zugefügt. Wie einmal in einem öffentlichen Kaffee. Wir hatten wieder Gäste und sind in Krefeld spazieren gegangen. In Nähe von Bahnhof gab es eine feine Bäckerei und Konditorei, mit schönen grünen Marmortischen. Er lud unsere Gäste zum Kaffee und Kuchen ein. Als wir bestellten, hat er meinen Kuchen ausgesucht. Dann kamen der Kaffee und ich wollte meinen Kaffee schwarz trinken. Er war der Meinung ich muss so trinken wie er es trinkt mit Milch und Zucker. Ich habe mich getraut mich zu wehren. Daraufhin hat er mich vor den Gästen beschimpft und unter Druck gesetzt. Du wirst den Kaffee nicht trinken, wenn nur dann, wie ich es will. Manchmal war der Druck nach einiger Zeit so groß, dass ich die Kontrolle verlor. So wie auch dort. Irgendwann konnte hatte ich mich nicht mehr unter Kontrolle. Ich sagte nichts mehr. Ich schlug nur noch mit dem Kopf mit all meiner Kraft gegen den Marmortisch. Bis sie mich davon abhielten, war meine Stirn blau und grün angelaufen.
Nur so konnte ich ihn zum Schweigen bringen. Nur wenn ich mich selbst verletzte, hörte er auf zu reden, zu kommandieren, mich zu bemuttern. Ich weiß nicht, wie oft ich aus Wut mich umbringen wollte und er mich davon abhielt.

Mein Mann hat meine Tochter aus der Türkei geholt. Ich holte sie vom Bahnhof ab. Ich war sehr aufgeregt. Als ich die Treppen zu der U-Bahn runterging und unten ankam, sah ich mein Mann und meine Tochter. Sie war so klein, hielt die Hand von ihrem Vater. Ich war überglücklich und aufgeregt. Ich ging auf sie zu, sie versteckte sich hinter ihrem Vater. Ich war für sie eine fremde Frau. Sie schaute mich unsicher an. Ich nahm sie auf den Arm und küsste Sie.
Für sie war alles fremd.
Wir hatten einen Kindergartenplatz für sie gefunden. Ich brachte sie in den Kindergarten. Packte ihr etwas zu essen ein. Sie aß nichts, von dem ich eingepackt hatte. Jeden Tag nahm ich die vollen Tupperdosen aus ihrer kleinen Tasche raus und warf es in den Müll. Ich war mit den Nerven am Ende. Ich konnte mich nicht

beherrschen. Eines Tages hat sie sich geweigert etwas zu tun, was ich von ihr wollte. Sie lehnte mich ab. Das hat mich so wütend gemacht, dass ich mit meiner ganzen Wut auf sie eingeschlagen habe. Ich habe nicht mehr aufgehört sie zu schlagen. Dieses Bild hat mich über die Jahre verfolgt. Es tat mir so weh und leid. Ich konnte mir jahrelang es nicht verzeihen. Dies wurde ein tiefer Schmerz in meinem Burst. Ihr Auge ihre Angst, ihre Hilfslosigkeit. Dies durfte nie mehr geschehen.
Mir ist bewusst geworden, wenn wir uns verlieren, dass wir unberechenbar werden. Dass es ein Moment ist, in den wir zu allem Fähig sind, egal wie wir sind. Die Kontrolle zu verlieren, sich den Emotionen zu überlassen ist keine Macht zu besitzen.

Wut als Lebensenergie

„Unsere Wut ist eine Form von Energie. Wenn wir sie richtig kanalisieren, kann sie uns motivieren, uns Ausdauer geben und unser Wachstum fördern. Leider nutzen wir sie oft gegen uns selbst oder andere, was eine zerstörerische Kraft entfaltet und uns nicht weiterbringt, sondern alles noch schlimmer macht. Doch wenn wir lernen, unsere Wut positiv für uns einzusetzen – für unsere Ziele, Wünsche und Vorhaben – können wir Großes erreichen und unser Leben positiv beeinflussen."

Wie fast jedes Wochenende war unsere Wohnung wieder einmal voller Besuch. Seine Paten und einige andere von seiner Verwandtschaft bei uns. Sie erzählten Witze und lachten. Ich stand an der Tür und hörte ihnen zu und lachte mit ihnen. Er kam zu mir, stand vor mir, schaute mir in die Augen und sagte; Warum lachst du? Habe ich dir das Lachen erlaubt? Du wirst nicht lachen? Ich wusste nicht, was mir geschah. Alle schauten uns an, einige sagten, was das soll. Es sei nicht richtig. Er fuhr sie zusammen, es würde sie nichts angehen. Sie sollen sich nicht in seinen familiären Dingen einmischen.

Ich konnte aus Wut, was ich runterschluckte, mein Lachen abstellen. Ich kontrollierte jede meine Emotionen. Ich achtete auf jedes Wort, jede Bewegung von mir. Ich war gnadenlos zu mir. Mein Zorn, meine Wut war so groß, dass ich immer gegen mich gerichtet habe. Ich hatte Angst vor meiner eigenen Kraft. Ich hatte Angst vor mir selbst, vor meinem Zorn und Wut. Ich hatte Angst, damit irgendjemand in einem unkontrollierten Moment zu schaden. Also musste ich mich beherrschen.

Ich wollte unbedingt Schreibmaschine schreiben lernen und eine Weiterbildung machen. Ich ging zum Arbeitsamt und sagte meinen Betreuer, dass ich gerne etwas mit Schreibmaschine lernen möchte. Er schlug mir eine Weiterbildung bei Thyssen Edelstahl Werke als Bürogehilfin. Das Problem war nur, dass meine

Deutschkenntnisse nicht ausreichend waren. Er sagte mir, er würde es genehmigen, wenn ich gleichzeitig einen fern Deutschkurs machen würde. Jede Woche würde das Unterrichtsmaterial nach Hause geschickt, nachdem ich es aufgearbeitet, die Aufgaben fertig gemacht habe, musste ich die wieder zurückschicken. Natürlich nahm ich das Angebot an. Als mein Mann von meiner Entscheidung gehört hatte, war er dagegen.
Es gab viele Auseinandersetzungen. Ich wollte diesmal diese Möglichkeit nicht aufgeben. Ich wehrte mich. Eines Tages kam sein Onkel mit der Familie uns besuchen. Er hat davon mitbekommen und mein Mann überredet, dass er mir das erlauben soll. Er erlaubte mir mit folgenden Bedingungen. Sein Essen musste wie jeden Tag gekocht sein. Die Hausarbeit durfte nicht vernachlässigt werden. Ich musste alle meine Pflichten als Ehefrau nachkommen. Ich ging auf das Diel ein. Nachts lernte ich, tagsüber machte ich den Haushalt und ging noch Putzen. Als ich dann nach dem Fernkurs die Weiterbildung begann. Kochte ich morgens um 5 Uhr. So dass zu Hause alles schon fertig war. Die Nächte waren zum Lernen da. Ich fing meine Weiterbildung bei Thyssen Edelstahlwerke an.
Es gefiel ihm nicht, dass ich die Weiterbildung machte. Er konnte mich während dieser Zeit nicht kontrollieren. Manchmal holte er mich von der Arbeit ab. Durch seine Schichtarbeit konnte er das selten.

Mitten in der Nacht bekam ich einen Anruf von meinen Eltern. Sie sagten, dass mein großer Bruder in der Türkei einen Autounfall hatte. Ich ahnte, dass mein Bruder nicht mehr lebte. Als wir im Flugzeug saßen, sagte ich mir immer wieder. Er lebt, er lebt, er lebt. Ich wollte daran glauben, dass er noch lebt und wollte nicht wahrhaben, dass er Tod war. Der Gedanke, dass es ihn nicht mehr gibt, tat so weh. Es war ein tiefer Schmerz. Mir blieb die Luft weg. Ich dachte an meinem Bruder. Ich hatte seit 2 Jahren den Kontakt mit ihm abgebrochen.
Meine Mutter hat vor Weinen keine Stimme mehr. Sie konnte kaum laufen. Sie war geschwächt. Ich durfte endlich ins Zimmer. Mir war mulmig, meine Beine zitterten, mit viel Mühe schleppte ich mich ins Zimmer rein. Er lag auf dem Boden auf einer Matratze und schien friedlich zu schlafen. Ich kniete mich zu ihm hin und umarmte ihn. Sein Körper war kalt und die Todesstarre hat begonnen. Sein Gesicht war kalt und fest. Ich küsste ihn und beobachtete sein Gesicht.
Warum konnte er nicht einfach jetzt aufstehen. Er soll doch die Augen einmal aufmachen. Ich wollte es nicht wahrhaben und musste mich fügen. Es war als wäre ein Teil von mir mitgestorben.
Ich dachte an meine Sturheit, ich dachte daran, wie ich ihn abgewiesen hatte. Ich dachte darüber nach, wie ich wütend auf ihn war. Jetzt liegt sein Körper vor mir und er ist nicht mehr da. Ich kann ihn nicht mehr sagen, wie sehr ich ihn vermisst habe. Ich kann ihn nicht mehr sagen, wie sehr ich ihn geliebt habe. Ich kann ihn nicht mehr sagen, wie sehr er mir gefehlt hat und fehlen wird. Je mehr es mir klar

war, dass ich ihn nie mehr etwas sagen kann, ich ihn nicht mehr sehen kann. Das hier das Ende war, desto mehr ärgerte ich mich über mich. Es tat weh.
Ich traf eine Entscheidung. Ich wollte diesen Schmerz nie mehr erleben. Ich werde Menschen zeigen, wenn sie mir etwas bedeuten. Ich werde ihnen sagen, wenn ich sie liebe. Ich werde ihnen sagen, wie wertvoll sie für mich sind.

Als ich wieder in Deutschland war und zuhause ankam, war die Welt nicht mehr die gleiche. Irgendetwas in mir hatte sich verändert. Ich konnte nicht sagen, was es war. Ca. 3 Tage nachdem ich zuhause war, geschah etwas Unglaubliches.
Wie in der Trance ging ich in dem oberen Geschoss in das Schlafzimmer. Als ich die Tür aufmachte saß mein Bruder mit einem weißen Hemd auf dem Bett und lächelte mich an. Er zeigte mir mit der Hand, dass ich neben ihm Platz nehmen sollte. Ich nahm Platz und wir haben uns lange unterhalten. Irgendwann schaute ich ihn an und sagte, du bist doch gestorben? Das kann nicht wahr sein. In diesem Augenblick verschwand er. Ich saß allein auf dem Bett. War das eine Vorstellung, eine Halluzination von mir? Ich war auf der einen Seite glücklich, dass ich sehen, mit ihm reden konnte, auf der anderen Seite irritiert und verwirrt. Was ist die Wahrheit? Konnte das wahr sein? Wahr das möglich? Diese Begegnungen dauerten ca. 6 Monate. Fast jeden Tag ging ich wie in der Trance ins Schlafzimmer, er saß da und wartete auf mich. Wir reden viel, lachten manchmal miteinander.
Nach 6 Monaten ist er nicht mehr gekommen. Ich sah ihn ein zweimal noch in meinem Traum. Er wollte, dass ich mit ihm gehe. Während dieser Zeit rief meine Mutter mich öfters an. Sie sagte, ich habe von deinem Bruder geträumt, er möchte, dass du mit ihm gehst. Ich mache mir Sorgen um dich. Das war das erste Mal, dass meine Mutter sich Sorgen um mich machte. War es ein Zufall, dass sie genau zu der gleichen Zeit wie ich mein Bruder sah, sich Sorgen machte. Oder fast den gleichen Traum hatte, wie ich?

„Mich selbst zu Verstehen mehr Klarheit über mich und mein Leben zu haben, würde vieles ändern. Es sind die Entscheidungen, die ich treffen muss, die mich unsicher machen. Ich frage mich, ob es aus Freundlichkeit ist, dass es mir schwerfällt, Entscheidungen zu treffen. Oder bin ich wieder in meiner Opferrolle und bereit, für jemand anderen alles aufzugeben, weil ich denke, dass er ohne mich nicht zurechtkommen kann? Ist es falsch, anzunehmen, dass er mich unterstützt? Habe ich es nicht verdient, für mich zu leben? Was ist mein Leben und was will ich erleben?

Ich sollte mich trauen, mein eigenes Leben zu leben, anstatt mich durch die Verantwortung für andere definieren zu lassen. Niemand ist mir etwas schuldig und ich bin auch niemandem etwas schuldig. Es ist wichtig, dass ich

meine eigenen Bedürfnisse und Wünsche verstehe und ihnen nachgehe, um mein Leben in vollen Zügen zu genießen.“

Ich kaufte mir das Buch vom Dr. Joseph Murphy, Die Macht ihres Unterbewusstseins. Studierte für mich das Buch sorgfältig. Dieses Buch gab mir eine unglaubliche Kraft. Auch ein Verständnis für vieles, was ich erlebte. Sah oder hörte. Ich war nicht Verrückt. Ich nahm die Welt, die Menschen und meine Umgebung anders wahr als viele. Oder als die die ich kannte. Ich war durch diese Wahrnehmung anders. Es gab für mich noch eine zweite Realität, über die ich mit niemandem sprechen konnte. Eine Realität, die nicht zu erklären und beweisen war.

Je mehr ich mich entwickelte, las, bewusster wurde, desto mehr Druck übet er auf mich. Ich entwickelte mich mit einer Geschwindigkeit, die undenkbar war. Ich fing an mich zu wehren, ich weigerte mich inzwischen mehr. Durch seine Arbeit konnte er mich nicht mehr so kontrollieren. Außerdem waren inzwischen viele seine Geschwister und Verwandte in der Nähe oder lebten bei uns, um die ich mich kümmerte, sie überall unterstützte. Es war er, er mir diesen Auftrag gab.

Eines Tages kamen zwei Arbeitskolleginnen von meinem Mann mit nach Hause. Sie machte Ihnen Tee. Sie steckten die Köpfe zusammen und führten eine aufregende Unterhaltung. Wenn ich in ihre Nähe kam, wurden sie sofort still. Ich ahnte, dass sie über mich redeten, konnte es aber nicht hören. Nach einer Weile schickten sie mich nach oben, in dem obersten Geschoss, wo unseren Schlafzimmern, Gästezimmer sich befand. An der Wand der mittleren Schwelle der Treppe hing ein großer Spiegel. Wenn man oben an der Treppe stand, konnte man sehen, was unten in der Küche geschah. Der Spiegel hing gegenüber der Küchentür. Die Küchentür stand offen, mein Mann mit den 2 Frauen unterhielten sich weiterhin geheimnisvoll. Als ich wieder dabei war runterzulaufen, sah ich wie sie etwas in einem Glas mit Wasser taten. Ich blieb stehen und beobachtete sie. Als sie fertig waren, gingen ich runter. Tat so, als hätte ich nichts mitbekommen. Sie gaben mir das Glas Wasser, ich sollte es trinken. Ich nahm es und trank.
Es war mir völlig egal, was sie reingemischt hatten. Sie hatten einen Zauber vorbereiten lassen. Es war immer so, dass Menschen versucht Menschen gegen ihren Willen durch Zauberei, Magie, Lügen, an sich zu binden. Ich war mir sicher, was es auch sein mag, was sie mir zu trinken gaben, konnte mir nicht mehr Schaden, als es war. Einige Tage später fuhr mein Mann mich in die Psychiatrische Klinik in Mönchengladbach. Dort war der Chefarzt, so wurde mir erzählt, ein Türke. Er hat von seine 2 Kolleginnen den Tipp bekommen, mich zu ihm zu bringen. Er wollte, dass ich eine Zeitlang in der Psychiatrie behandelt werde.

Er behauptete, dass ich verrückt geworden bin und dort wieder geheilt werde. Er hatte mit dem Arzt einen Termin vereinbart. Also fuhr er mit mir hin. Als wir dort ankamen, sagte der Arzt, dass mein Mann draußen warten muss.
Er will sich mit mir allein unterhalten. Nach ca. 1 Stunde sagte Arzt zu mir, dass ich nicht sehr normal bin. Das er mich versteht und dass mein Mann eigentlich ein Problem hat. Er holte mein Mann rein und sagte ihm, dass er der ist, der Hilfe braucht und nicht ich.
Wenn er nicht aufhört mit mir umzugehen, dann wird er dafür sorgen, dass er in die Klinik eingewiesen wird. Ich habe keine Ahnung, ob er es ernst gemeint hat, ich fand gut, dass er ihn damit gedroht hatte. Durch die Mentalität, oder auch Erziehung war ein Arzt wie ein Gott, hoch angesehen. Der Arzt kannte diese Mentalität sehr gut. Ich nahm an, dass er das ausgespielt hat. Auf dem Rückweg war mein Exmann außer sich vor Wut. Wie kann dieser dumme Arzt wagen, so etwas zu behaupten. Er hat doch keine Ahnung.

Überall die Jahre schämte ich mich über meinen Problemen und die Art, wie er mit mir umging zu reden. Mir wurde beigebracht, dass man über die Eheprobleme nicht mit außenstehenden reden soll. Es gehörte sich nicht. Außerdem musst du immer der Schein aufbewahrt werden.

Dann dachte ich an meine Eltern, ich habe vielleicht auch all diese Jahre versucht, das Gegenteil meiner Eltern zu sein, zu machen. Den Streit zu verhindern. Vielleicht auch meine Sehnsucht nach Frieden und Harmonie. Über all die Jahre war ich nicht Fähig, dass dieser Mann mir vertraut, mich wie ein Mensch behandelt. Die Angst, wie die Familie und Gesellschaft darauf reagiert. Wie würden sie mit mir umgehen? Ich dachte immer noch ein die Familie, mein Umfeld, was würden sie sagen. Ich hatte Angst vor der Ablehnung. Es würde als Schwäche gesehen. Noch war es ein großes Tabu sich von seinem Mann zu trennen und scheiden zu lassen. Es gab so was nicht. Aufs Tod zusammenleben.

Wer von ihnen ist in mir? Wer von ihnen teilt meinen Schmerz? Wer von ihnen, weiß oder fühlt, wie es mir geht? Sie erzählen mir von Respekt, von Geduld, von Liebe, Menschlichkeit. Sie erzählen mir über Gerechtigkeit, Gleichberechtigung, über Freiheit, Ehrlichkeit. Wo sind sie alle, wenn ich sie brauche. Wo waren sie alle über all diese Jahre. Wer von ihnen hat mir jemals mit einer Geste, mit einem Wort das Gefühl gegeben, ich sei etwas wert? Keiner. Sie haben mir nur erzählt, wie ich sein soll. Sie haben von mir nur das verlangt, was ihnen guttut. Was ihr Gesicht in der Gesellschaft bewahrt. Ihnen allen ist es doch egal, wie ich mich fühle, wie es mir geht. Hat jemals einer von ihnen mich gefragt, wie es mir geht. Ob ich etwas brauche? Nein, sie haben mein Mann darin unterstützt und zugesehen, wie er mich Missbraucht.

„Wenn der emotionale Schmerz unerträglich wird, suche ich oft nach Antworten außerhalb von mir. Doch meine Erfahrungen haben mir gezeigt, dass es dort keine Lösungen für das, was in mir vorgeht, gibt. Davonzulaufen und den Schmerz durch Ablenkung zu betäuben, bringt mich nicht weiter. Ich will den Schmerz aushalten und ihm Raum geben, damit das geschehen kann, was geschehen soll. Ich weiß nicht, was geschehen wird, aber irgendwann muss sich etwas ändern. Ich frage mich, was ich warte, was ich erreichen will, was ich brauche, was mir fehlt, wonach ich suche, wonach mein Herz sich sehnt und was mich glücklich und friedvoll machen würde."

Ich frage mich auch, was passieren würde, wenn ich die Aufmerksamkeit einer bestimmten Person nicht mehr hätte und warum ich diese Aufmerksamkeit brauche.
Das Verhältnis war nicht mehr ertragbar. Ich konnte nicht mehr. Ich wollte und konnte nicht mehr. Es muss ein Ende geben. Ich will nicht mehr so leben.
Je mehr ich mich wehrte desto schlimmer wurde die Situation zu hause. Ich wollte nicht so enden wie meine Eltern. Ich wollte das Leben meine Eltern nicht fortführen. Ich wollte auch nicht mehr so leben. Ich hatte keine Hoffnung und keine Kraft mehr.
Ich hatte keine Angst mehr, war bereit, alles anzunehmen, was kam. Nur nicht das, was war und ist.
Ich sagte meinen Mann, dass ich mich trenne. Ich will das nicht mehr. Daraufhin bekam er Panik und rief mein Vater an. Mein Vater muss wohl seine Verwandtschaft benachrichtigt haben. Mein Vater kam mit noch 3-5 anderen ältere Männer. Sie saßen da und versuchten zu schlichten. Ich kam mit einer Waffe in der Hand und legt die Waffe auf den Tisch. Ich sagte ihnen, dass es keine Diskussionen mehr geben wird. Dass sie nur 2 Alternativen haben. Entweder erschließen sie mich oder lassen mich gehen. Eine andere Wahl haben Sie nicht.
Als sie gemerkt haben, dass ich zu allem bereit war und ernst meinte. Sagte mein Vater pack dein Koffer und bringe dich dort, wo du hinwillst. Ich packte meinen Koffer. Eine Straße weiter wohnten Freunde von uns. Sie hatten neben ihrer Wohnung ein Anliegerzimmer. Ich durfte erst einmal dort wohnen. Nach ca. 2 Wochen, als mein Merkte, dass ich ernst meine, machte der Familie Druck, dass sie mich rausschmeißen sollen. Er dachte, wenn sie für 1-2 Wochen getrennt ist, wird sie wieder kommen. Er dachte, dass ich nur eine kurze Pause brauche, um zu ihm zurückzukommen. Als es ihm aber bewusst geworden ist, dass es vorbei war, wurde er richtig aggressiv.

Die Freunde sprachen mich an, und wollten, dass ich ausziehe. Sie wollten nicht zwischen uns stehen. Also suchte ich mir eine Wohnung, nicht weit von der alten Wohnung. Es war eine ein Zimmer Wohnung, möbliert. Mit einer Kochnischen Ecke. Meine Tochter nahm ich zu mir. Sie durfte jederzeit ihren Vater sehen.

Er durfte nicht in meiner Wohnung rein.
Er stand vor meiner Tür und verfolgte mich überall. Er zwang seine Brüder mich zu beobachten und zu verfolgen. Eines Tages feierte ein Freund seine Hochzeit in dem Verein Ich saß drinnen und meine Tochter spielte mit den anderen Kindern draußen. Es war alles in Ordnung. Bis dann ein Kind zu mir kam und mir sagte, dass mein Exmann meine Tochter mitgenommen hat.
Ich lief nach draußen und sie waren nicht mehr da. Ab diesem Zeitpunkt durfte ich meine Tochter nicht mehr sehen. Er erzählte dem Jugendamt, dass meine Tochter stundenlang draußen unbeabsichtigt, allein von mir gelassen wurde. Dass ich mich nicht um sie kümmerte. Dass ich psychisch krank bin und nicht in der Lage bin, zu wissen, was ich tat.

Ich bekam ein Brief von der Sachbearbeiten vom Jugendamt. Die mir all diese Sachen vorwarf. Diese Dame hatte sich nicht einmal die Mühe gemacht, mich kennenzulernen, mit mir persönlich zu reden. Sie hat aufgrund der falschen Informationen von meinem Mann einen Entschluss gefasst. Durch seine manipulative Art konnte er vor allem Frauen sehr schnell glaubhaft machen. Dass er das Opfer ist.
Nachdem meine Tochter bei ihm war, hat er seine ganze freie Zeit damit verbracht mir das Leben zu Hölle zu machen. Er wartete vor meiner Haustür und verfolgte mich auf Schritt und Tritt.
Eines Morgens als ich zur Arbeit fahren wollte, stellte ich fest, dass alle 4 Reifen meines Wagens platt waren. Sie wurden durchgestochen. Ich konnte nicht zu Arbeit fahren. Es war nicht mehr auszuhalten. Meine Familie rief mich jeden Tag an und beschimpfte mich auf übelster Art, dass ich jetzt rumhurren würde. Ich hätte mit mehreren Männern ein Verhältnis.
Eines Tages kam sein Cousin aus Osnabrück und lud mich auf eine Tasse Kaffee ein. Er wollte mit mir nur reden. Also fragte mich nach den Gründen und was ich gerade machte. Ich erzählte ihn dem ganzen Gesichte und wie es mir ging. Er schaute mich an und sagte zu mir, ich glaube dir. Wir wissen, wie er ist. Und machte seine Jacke auf, in der Innentasche zeigt er mir die Waffe. Er sei eigentlich gekommen, um die Ehre seiner Familie zu säubern. Er hat den Auftrag bekommen, mich zu erschießen. Vorher wollte aber aus meinem Mund meine Gründe erfahren. Er ist sehr froh darüber, dass ich so offen war und dass er das Gespräch mit mir geführt hat. Er glaubt mir und ist für mich da, wenn ich seine Unterstützung brauche. Er wird mit seinem Cousin reden, damit er mich in Ruhe lässt.
Mein Mann hat sich nicht verbessert, sondern wurde von Tag zu Tag aggressiver. Es war für mich unmöglich ihm aus dem Weg zu gehen. Sein ganzer Fokus lag auf mich.
Er dachte, wenn er mich mehr unter Druck setzt, dass ich irgendwann aufgebe und zu ihm zurück gehe. Da hat er sich getäuscht. Was ihm nicht klar war, dass er mich

durch seine Art in meiner Entscheidung bestärkt hatte. Das er mich wütend gemacht hat. Das ich niemals diesen Schritt rückgängig machen würde. Lieber sterben.
Ich konnte nicht arbeiten gehen. Ich habe mich nicht mehr getraut aus der Wohnung zu gehen. Mein Chef rief mich an und bot mir seine Hilfe. Er schickte mir den Betriebsrat nach Hause. Sie wollten, dass ich zurück auf die Arbeit gehe. Ich konnte es nicht. Ich hatte mich entschieden aus Krefeld auszuziehen. Erst dann würden alle mich in Ruhe lassen. Ich würde zurück nach Stuttgart umziehen, zu meiner Familie. Wenn ich in ihre Nähe bin, würden sie sehen, dass ich nicht so bin, wie sie von meinem Mann hören. Dann würden sie mir glauben. Dieser Terror, dieser Druck, die Drohungen, Beschimpfungen würden aufhören. Sie behandelt mich so, als wäre ich ein Schwerverbrecher. Als hätte etwas Schlimmes gemacht. Ich war die Täterin. Ich habe mich getrennt. Eine Frau kann nicht allein Leben. Sie ist automatisch eine Hurre. Eine Frau kann nicht ohne die Beaufsichtigung eines Mannes allein leben. Dies ist in unserer Gesellschaft ein Tabu.

Ich kündigte die Wohnung, packte meinen Koffer ein.
Am nächsten Morgen fuhr ich mit meinem Auto und ein Koffer nach Stuttgart. Ich ließ alles hinter mir, das alte Leben.

Erkenntnis Ja, zum Leben

Ich sitze im Auto, alles, was ich besitze, passt gerade in einen kleinen Koffer. Ich habe außer ein paar Kleidungsstücken und Unterlagen nichts mehr. Ein Berg an Schulden, keine Wohnung, keine Arbeit, niemand, der für mich da ist oder mich unterstützt.

Für meine Familie bin ich eine Hure. Als Frau darf ich nicht ohne einen Mann leben. Eine Frau ohne Mann kann nur rumhuren. Ich habe alles verloren, wurde von meiner Gesellschaft ausgestoßen, von Freunden und Bekannten verlassen. Ein Auto, ein Koffer und ich.

Es reicht, ich will nicht mehr leben! Es ist genug. Der Schmerz, der sich durch meinen ganzen Körper ausbreitet, die Wut auf diese Ungerechtigkeit, nichts tun zu können, Ohnmacht, Verzweiflung überfallen mich. Ich stehe an einer Klippe, mein Fuß auf der Bremse. Jetzt die Bremse loslassen und aufs Gaspedal drücken. Einmal den Berg hinunterfallen und dann ist es aus! Der Alptraum ist vorbei!

Ich denke darüber nach, warum ich jetzt hier bin und mich erneut in den Tod stürzen will. Was ist der Grund dafür? Ich denke über mein Leben nach. Wie bin ich hierhergekommen?

Mein Leben scheint wie ein Film vor meinen Augen. Ich bin wütend geworden. Nur weil ich eine Frau bin, nur eine Frau. Das gibt den anderen das Recht, über mein Leben zu bestimmen. Sie sagen mir, was gut und nicht gut für mich ist. Ihnen ist es egal, wie ich mich fühle, wie es mir geht. Es geht ihnen nur darum, wie sie sich fühlen. Solange ich so handle, wie es ihnen passt, werde ich geliebt und akzeptiert. In dem Moment, in dem ich Entscheidungen für mich treffe, bin ich nicht mehr gut genug.

Wenn es einen Gott gibt, hat er mir nicht umsonst Augen, Ohren, Verstand und Mund gegeben. Wenn Gott wollte, dass ich als Frau kein vollwertiges Wesen bin, hätte er mich auch so erschaffen. Aber ich bin eine intelligente Frau. Ich kann denken, sehen, hören. Ich kann beurteilen. Ich bin genauso wertvoll wie ein Mann.

Ich bin wertvoll als Mensch.
In dem Moment wurde ich noch wütender. Ich sagte mir: "Wenn du dich jetzt umbringst, bist du ein Feigling. Jetzt erst recht. Du hast nichts mehr zu verlieren. Jetzt hast du die Chance, ein selbstbestimmtes Leben zu führen, denn ich bin niemandem mehr Rechenschaft schuldig. Ich habe für mich die Möglichkeit erkannt und ich werde ihnen zeigen, dass ich als Frau genau so wertvoll bin wie ein Mann. Ich werde zeigen, dass ich als Mensch genauso wertvoll bin als ein Mann. Das ist meine Aufgabe.
Ich war überwältigt von meinen Emotionen und dieser Erkenntnis. Ich war motiviert und hatte ein Ziel. Also fuhr ich das Auto rückwärts zurück und fuhr nach Stuttgart.

Ende der 1.Geschichte

Ich beende hiermit das erste Kapitel meiner Lebensreise, da der Rest meiner Geschichte den Umfang dieses Buches überschreiten würde. Doch ich habe beschlossen, meine Reise fortzusetzen und auch die anderen Kapitel meiner heldenhaften Reise zu Papier zu bringen.

Meine Gedanken und Hinterfragungen und Selbstgespräche

Es gab ein Problem, das ich nicht verstand. Ich konnte nicht nachvollziehen, warum Frauen als minderwertig betrachtet werden sollten oder warum sie nicht genug sein können. Warum werden Frauen als das schwache Geschlecht angesehen? Ich verstand es einfach nicht.

Ich verstand auch nicht, warum ich, trotz Widerspruch, die Wahrheiten anderer akzeptieren und danach leben müsste.

Jedes Mal, wenn ich mich entschieden habe, meine Wahrheit zu sagen, wurde ich dafür hart bestraft. Manchmal mit heftigen, brutalen Schlägen, körperlichen Missbrauch. Manchmal mit emotionalem Missbrauch. Ich ließ es immer wieder zu. Bis ich irgendwann mich nicht mehr traute, das zu sagen, was ich dachte und fühlte.

Was ist nicht in Ordnung mit mir? Was mache ich falsch? Wenn ich so bin, wie ich bin, erfahre ich Ablehnung, Abstoßung, Diskriminierung, Missbrauch, Wertlosigkeit. Wenn ich so bin, wie die anderen es sehen möchten, zerstöre ich mich selbst. Beute mich bis zu meiner Erschöpfung aus.

Nicht alles, was wir für wahr halten, ist es auch wirklich. Manchmal sind Erinnerungen zurechtgelegte Lösungen, um zu überleben. Ich schreibe meine Geschichte so, wie ich es jetzt verstehe, aber ich kann nicht mit 100%iger Sicherheit sagen, ob alles genau so war. Unser Gehirn legt alles so zurecht, dass es für uns Sinn macht. Es ist nur eine Geschichte, nicht mehr und nicht weniger. Das Einzige, was wirklich wahr ist, ist der Moment, in dem wir leben. Alles andere ist eine Illusion.

Wir können uns an diesen Illusionen und Geschichten festhalten und sie immer wieder als wahr erleben oder wir können sie gehen lassen und den Augenblick hier und jetzt genießen, ohne uns hinter der Vergangenheit zu trauern. Was bringt es schließlich, dort zu verweilen?

Wenn der Körper stirbt, wo bin ich dann? Wo ist mein Geist, der denkt, fühlt und handelt? Wenn ich nicht mehr in meinem Körper bin, wo bin ich dann? Wenn ich meinen Körper verlasse, ist er wertlos, nur ein leeres Gefäß, das zusammenbricht. Haben nur ich die Macht, ihn zu aktivieren? Und wenn ja, wie lange? Liegt es an mir oder an etwas anderem? Mein vergänglicher Körper ist nur ein Gefäß, durch das ich mich ausdrücke. Habe ich vergessen, wer ich bin, was ich bin, woher ich komme, warum ich hier bin und wohin ich gehe? Bin ich von der Illusion des Daseins geblendet? Was bin ich? Ich will mich erinnern, ich will wissen, wer oder was ich bin. Ich will wissen, was es bedeutet, ein Mensch zu sein. Ich will es wissen!

Was ist meine Macht? Die Stammzelle, aus der mein Körper gebaut ist, enthält den Bauplan und die Intelligenz, die ihn erschaffen hat. Woher kommen diese Intelligenz und das Wissen? Unser menschliches Bewusstsein kann es nicht verstehen und wir sind noch nicht in der Lage, einen menschlichen Körper nachzubauen. Aber wenn diese Intelligenz Teil von uns ist, muss es einen Weg zu diesem Wissen geben. Ich will diesen Weg erkennen! Ich will mich erkennen! Ich will jetzt wissen, wer ich bin!

Wach endlich auf! Erinnere dich an dich selbst! Erinnere mich endlich an mich. Ich erinnere mich an meine Herkunft. Ich bin es! Ich habe mich erschaffen. Ich trage das universale Wissen und die Weisheit in mir. Ich habe alles, was ich brauche, in mir. Ich will meine Macht, meine Weisheit und meine Kraft spüren! Ich will es wissen! Ich will mich erinnern! Ich will es! Möge mein Wille geschehen!

Wofür war mein Leben? Für wen habe ich gelebt? Warum habe ich so gelebt, wie ich es getan habe?

Angstgetrieben durch das Leben zu gehen und einen ständigen Kampf gegen alles und jeden zu führen, hat mir nichts als Schmerz und Leid eingebracht. Je mehr ich versuchte, anderen meine Gedanken und Bedürfnisse zu erklären, desto weniger verstanden sie mich. Alle meine Bemühungen waren umsonst und ich wurde am Ende alleine und im Stich gelassen. Ich hatte mich selbst im Stich gelassen, da ich meinen ganzen Fokus auf die Bedürfnisse anderer gerichtet hatte, anstatt auf meine eigenen.

Ich hatte angenommen, dass alle so denken wie ich und dass es selbstverständlich ist, dass sie an mich denken, wie ich an sie denke. Aber das war ein Irrtum. Meine unausgesprochenen Erwartungen, immer die Starke zu sein, gaben den Menschen den Eindruck, dass ich nichts brauche. Wenn es jedoch unerträglich wurde, wurde ich nicht ernst genommen.

Wovon habe ich mich mein ganzes Leben lang gesehnt? Was habe ich gesucht? Was hat mir gefehlt? Was war mein tiefster Wunsch?

Gespräche mit meinem Leben

Hey mein Leben, heute bekomme ich wieder diese harten, gnadenlosen Schläge des Lebens zu spüren. Der Druck in meiner Brust und die Emotionen, die sich durch körperliche Schmerzen bemerkbar machen, sind manchmal schwer auszuhalten. Ich trinke Wasser, atme tief ein und schließe gelegentlich meine Augen, um die Emotionen zu beobachten, die in mir wüten. Ist das alles, was du heute für mich bereithältst? Kann es noch schlimmer werden? Was willst du mir damit sagen? Warum?

Ich spüre, wie die Wut in mir aufsteigt und lasse es zu. Ich bleibe hier sitzen und halte durch. Die Wut ist gegen mich gerichtet. Es sind immer die gleichen Verhaltensmuster und immer, wenn ich mich öffne, bekomme ich deine harten Schläge zu spüren. War es nicht immer so, dass ich bestraft wurde, wenn ich aussprach, was in mir war?

Gehen alle anderen Menschen genauso mit mir um wie du? Was ist das, was ich nicht begreifen kann, damit es aufhört? Ich habe bereits alles aufgegeben, was ich konnte. Was kann ich noch aufgeben? Was kann aus mir noch werden? Wo habe ich noch Angst und was blockiert mich? Ich möchte so gerne meine Wut rausschreien, die Wut, die so laut schreit, dass sie mein Herz herausreißen will.

Wenn ich es nicht lösen kann, wer soll es denn tun? Wenn ich es nicht verstehen kann, warum mein Verhalten all das verursacht, wer soll es denn verstehen? Die Ohnmacht in mir, das Wissen, dass all das Wissen, das ich besitze, nicht in der Lage ist, es zu heilen, was soll ich tun? Wie soll ich mich verhalten? Wie soll ich denken und fühlen? Wenn meine Gedanken und Gefühle meinen Körper beherrschen und ich nicht genug Kraft habe, um dagegen anzukämpfen, um gegen mich selbst anzukämpfen? Wer bin ich?

Von Tag zu Tag wird es unerträglicher. Ich weiß nicht, wie ich damit umgehen soll. Meine Verwirrung macht mich krank. Ich habe keine Ahnung mehr, wer ich bin und was ich will. Es ist öde und endlos. Wird es denn kein Ende geben?

Ich finde die innere Balance und Ruhe nicht mehr. Was werde ich tun, wenn ich entlassen werde? Der Gedanke daran macht mir Angst. Ich bin unsicher und unruhig. Wieder geht ein Tag an mir vorbei, ohne dass ich ihn wirklich gelebt habe und ohne zu wissen, was die Zukunft bringt. Wir sind wie Maschinen, aber ein Teil von uns bleibt zurück, auch wenn wir uns vergänglich fühlen. Wir sind der Gnade einer uns unbekannten Macht ausgeliefert. Es heißt, Angst sei wie eine verschlossene Tür. Ich wiederhole mich wie eine beschädigte Schallplatte. Wie kann ich die Konflikte in mir verarbeiten? Gibt es einen Ausweg? Alles steht noch in den Sternen.

Es wird Zeit alles loszulassen. Ich will von keinem etwas haben. Weder Liebe noch Anerkennung, Wertschätzung, Dankbarkeit oder etwas anderes. Meine Freiheit liegt nicht in dem Urteil der anderen. Meine Liebe und Leben liegt nicht in der Hand der anderen. Es liegt in meiner Hand.
Mut zu mir zu stehen. Mut endlich für mich zu stehen.

Wenn wir uns selbst lieben und uns als Individuum wertschätzen, dann können wir auch andere Menschen wertschätzen und lieben. Es ist wichtig, dass wir uns selbst erkennen und heilen, um auch andere heilen zu können. Wenn wir schaffen uns von Ängsten, Vorurteilen und Dogmen von negativen Gedanken und Emotionen zu befreien und uns auf das Positive konzentrieren. Unsere Meinung zu äußern unsere Werte bewusst auswählen und kennen, danach Leben, können wir unser volles Potenzial zu entfalten.

Wenn unser Leben nur auf das Wohl der andere ausgerichtet ist und wir uns nur auf die Bedürfnisse anderer konzentrieren, leben wir nicht wirklich für uns. Wir dürfen auch auf unsere Bedürfnisse achten und uns selbst ermächtigen, unser Leben nach unseren eigenen Vorstellungen und Wünschen zu gestalten.

Unser Leben ist ein Geschenk und wir haben ein Recht darauf es in vollen Zügen zu genießen. Alles, was Wir dürfen uns von allem befreien, was uns hindert, und uns auf das Positive konzentrieren. Wir dürfen lernen, uns selbst zu lieben und zu respektieren, um auch andere lieben und respektieren zu können. Wir dürfen lernen, uns selbst zu erkennen und heilen, um auch andere heilen zu können.

Es ist wichtig, dass wir uns Zeit nehmen und auf unsere innere Stimme hören. Wir müssen bereit sein, uns unseren Ängsten und Schatten zu stellen, um uns selbst zu heilen und unsere eigene Wahrheit zu finden. Auf unserer Reise können wir uns auch von anderen inspirieren lassen, aber wir sollten nicht vergessen, dass wir selbst der Architekt unseres Lebens sind.

Wir sind diejenigen, die die Verantwortung für unsere Entscheidungen und Handlungen übernehmen müssen. Wenn wir unsere eigene Wahrheit leben, können wir auch ein Vorbild für andere sein und dazu beitragen, dass sie sich auf die Suche nach ihrer eigenen Wahrheit machen.

Es ist wichtig, dass wir uns bewusst machen, dass wir Verantwortung für unser eigenes Leben haben und dass niemand außer uns selbst die Kontrolle darüber hat. Wir können uns nicht auf andere verlassen, um glücklich zu sein oder um unsere Träume zu erfüllen. Wir dürfen lernen, unsere eigenen Wünsche und Bedürfnisse zu erkennen und uns dafür einzusetzen.

Ein wichtiger Schritt auf unserer Reise zur eigenen Wahrheit ist es, uns von Ängsten und Zweifeln zu befreien, lernen, uns selbst zu vertrauen und uns selbst zu glauben. Uns selbst zu lieben und uns selbst zu akzeptieren, so wie wir sind.

Auf dieser Reise müssen wir auch bereit sein, uns selbst herauszufordern und uns aus unserer Komfortzone zu begeben. Bereit sein, neue Erfahrungen zu machen und uns weiterzuentwickeln.

Es geht auf dieser Reise darum, dass wir uns selbst als Individuen erkennen und unsere eigene Wahrheit leben. Lernen, uns selbst zu lieben und uns selbst zu akzeptieren, so wie wir sind. Indem wir uns selbst lieben und akzeptieren, können wir auch andere lieben und akzeptieren. Wir können ein erfülltes und glückliches Leben führen und einen Beitrag zu einer besseren Welt leisten.

Wir dürfen uns nicht davor fürchten, unsere Gedanken und Gefühle zu spüren und zu akzeptieren, denn das ist ein Teil unseres Wachstums- und Heilungsprozesses. Wir müssen uns erlauben, unsere Vergangenheit anzusehen, um uns von ihr zu befreien und uns auf das Hier und Jetzt zu konzentrieren. Wir müssen uns auch erlauben, unsere Ängste, Zweifel und Unsicherheiten anzusehen, um sie zu verstehen und zu transformieren.

Es ist wichtig, dass wir uns um uns selbst kümmern und uns selbst gut behandeln. Das bedeutet, dass wir uns Zeit für uns selbst nehmen, uns selbst mit Liebe und Respekt behandeln und uns gesund ernähren. Wir müssen uns auch um unsere spirituelle Entwicklung kümmern, indem wir uns mit unserem höheren Selbst verbinden und unsere innere Stimme hören.

Auf unserer Reise zu unserer eigenen Wahrheit, ist es wichtig, dass wir uns von allem lösen, was uns nicht länger dient. Wir dürfen uns von negativen Gedanken, Beziehungen, Verhaltensweisen und Umständen befreien, die uns nicht mehr dienen. Wir müssen uns auch von unseren Ängsten und Zweifeln befreien, um unser volles Potenzial zu entfalten.

Innerhalb und außerhalb von uns gibt es eine unendliche Fülle an Möglichkeiten und Ressourcen, die wir nutzen können, um unsere Reise zu unserer eigenen Wahrheit zu unterstützen. Wir können uns von Menschen umgeben, die uns inspirieren und unterstützen, wir können Bücher lesen, Kurse besuchen, Meditationen machen und uns mit unserem höheren Selbst verbinden.

Wir dürfen uns auch erlauben, Fehler zu machen und aus ihnen zu lernen. Jeder Fehler ist eine Chance zum Wachstum und zur Weiterentwicklung. Wir dürfen auch bereit sein, unsere Komfortzone zu verlassen und uns neuen Herausforderungen zu stellen, um uns weiterzuentwickeln.

Letztendlich ist es wichtig, dass wir uns erlauben, uns selbst zu lieben und zu akzeptieren, so wie wir sind. Wir dürfen uns auch erlauben, uns selbst zu vergeben, um in Frieden mit uns selbst und unserer Vergangenheit zu leben.

Die Reise zu unserer eigenen Wahrheit kann manchmal schwierig sein, aber sie ist es wert. Denn wenn wir uns selbst kennen und verstehen, wenn wir uns selbst lieben und akzeptieren, dann können wir auch in Frieden mit anderen leben und eine bessere Welt erschaffen.

Es ist wichtig, dass du dich auf deine eigene Wahrheit besinnst und dich nicht von den Vorstellungen anderer beeinflussen lässt. Du hast das Recht auf dein eigenes Leben und darauf, deine eigenen Entscheidungen zu treffen. Wenn du dich unsicher fühlst, kannst du dich an eine Person wenden, die dich unterstützt und dich ermutigt, deinen eigenen Weg zu gehen.

Gleichzeitig ist es auch wichtig, dass du lernst, dich selbst zu akzeptieren und deine Gedanken und Gefühle zu verstehen. Es ist ein Prozess, aber indem du dich auf dich selbst konzentrierst und dich mit deinen inneren Wünschen und Bedürfnissen auseinandersetzt, wirst du dich immer sicherer und selbstbewusster fühlen.

Letztendlich geht es darum, dass du dich selbst liebst und dich auf deine eigene Stärke und dein Potenzial besinnst. Du bist wertvoll und hast das Recht, ein erfülltes Leben zu führen. Vergiss das nicht!

Stattdessen wirst du verstehen, dass du aus deinen Fehlern lernst und dich weiterentwickelst. Durch die Vergebung wirst du auch deine Verletzungen heilen und dich frei machen von Schuld- und Schamgefühlen. Es geht nicht darum, dass das, was passiert ist vergessen wird, aber darum, dass es seinen Platz in deinem Leben hat und dich nicht mehr belastet. Vergib dir selbst und anderen und befreie dich von den Ketten der Vergangenheit. So kannst du in die Zukunft schauen mit einem freien und positiven Blick.

Festgefahrene Gedankenmuster können mich dazu bringen, mich selbst zu beschränken. Nur weil alle es glauben, bedeutet das nicht, dass es auch wahr ist. Wenn ich mich an die Überzeugungen und Meinungen anderer halte, werde ich genau das erleben, was sie erwarten. Was aber, wenn ich alles infrage stelle und Raum für neue Möglichkeiten schaffe? Was kann passieren? Was habe ich zu verlieren?

Bisherige Handlungen, Gedanken und Gefühle haben mich nicht weitergebracht und immer wieder in die gleichen Situationen geführt. Jeder Mensch interpretiert Dinge auf seine eigene Art, abhängig davon, was für ihn relevant ist. Wir verwenden oft die gleichen Worte, aber meinen oft etwas anderes. Wir gehen davon aus, dass unser Gegenüber genau dasselbe meint wie wir, aber das ist nicht immer der Fall. Dies führt oft zu Widersprüchen, Enttäuschungen und Schmerzen.

Es gibt in unserem Leben mehr als das, was wir mit unseren Augen sehen und mit unseren Ohren hören. Wir sind es gewohnt, nur an das zu glauben, was wir sehen und fassen können. Aber was ist mit dem, was wir nicht sehen und fassen können? Ein begrenztes Denken führt zu einer begrenzten Wahrnehmung.

Hast du dir schon einmal überlegt, ob das, was du erlebst, wirklich deine eigene Wahrheit ist? Wie oft hast du deine Gedanken und Emotionen hinterfragt und über ihre Ursachen nachgedacht? Warum nehmen sie mir manchmal die Luft zum Atmen und Lassen meinen Körper zittern? Warum überkommt mich manchmal ein Gefühl der Ohnmacht, wenn ich gegenüber den Gedanken und Emotionen machtlos bin?

Ich versuche, mich selbst zu beobachten und herauszufinden, was gerade mit mir passiert. Warum kann ein Satz von einer völlig fremden Person mich in eine hilflose und ängstliche Lage versetzen? Warum kann ein Wort oder ein Satz meinen ganzen Körper so einnehmen, dass ich keine Kontrolle mehr darüber habe? Warum fühle ich mich so hilflos und ohnmächtig?

Ich werde auch wütend auf mich selbst, weil ich nicht in der Lage bin, meinen Körper zu kontrollieren. Obwohl es mir an nichts fehlt und ich alles habe, was ich brauche, fühle ich mich nicht glücklich. Was sind die Gedanken, die mich so beschäftigen, dass ich nicht handeln kann? Was ist das für ein Gefühl, das mich so überkommt und mich unfähig macht zu reagieren?

Mach dein Leben zu deinem Meisterwerk.

Es geht nicht darum, was ich erlebt habe, sondern wie ich es verarbeitet habe. Es sind nicht die Ereignisse selbst, sondern ihre emotionalen Auswirkungen, die mein Leben prägen.

Deine Gedanken und Überzeugungen: Wie sie dein Leben beeinflussen

Unsere Gedanken und Überzeugungen haben einen enormen Einfluss auf unser Leben. Sie bestimmen, wie wir die Welt um uns herum wahrnehmen und wie wir uns selbst sehen. Sie können uns motivieren und inspirieren oder uns einschränken und uns davon abhalten, unser volles Potenzial zu entfalten.

Negative Gedanken und Überzeugungen können uns davon abhalten, unser Leben in die Hand zu nehmen und uns selbstbewusst und motiviert zu fühlen. Wenn wir uns ständig sagen, dass wir nicht gut genug sind oder dass wir es nicht schaffen werden, hindert uns das daran, unser volles Potenzial auszuschöpfen und unser Leben nach unseren Wünschen zu gestalten.

Positives Denken und Überzeugungen hingegen können uns dazu motivieren, unser Leben zu verbessern und unsere Ziele zu erreichen. Wenn wir uns selbst sagen, dass wir gut genug sind und dass wir alles erreichen können, was wir uns vornehmen, können wir uns selbstbewusst und motiviert fühlen und unser volles Potenzial ausschöpfen.

Es ist wichtig zu erkennen, dass wir die Kontrolle über unsere Gedanken und Überzeugungen haben. Wir können sie verändern und unsere Sichtweise auf die Welt und uns selbst ändern. Indem wir uns auf positive Gedanken und Überzeugungen konzentrieren und negative Gedanken und Überzeugungen hinterfragen und verändern, können wir unser Leben verbessern und unsere Ziele erreichen.

Ehrlichkeit

Ich will mir gegenüber ehrlich sein. Kann ich ehrlich zu mir selbst sein? Kann ich mich so akzeptieren, wie ich bin, oder stelle ich mir nur vor, dass ich ehrlich zu mir selbst bin?

Ich möchte den inneren Frieden erfahren und geistige Freiheit. Warum lassen mich andere Menschen so leicht beeinflussen? Nach allem, was ich erlebt habe, sollte ich gelernt haben, für mich selbst einzustehen. Warum kränkt es mich immer noch, wenn die Reaktionen anderer anders ausfallen als erwartet? Was erwarte ich von anderen Menschen und von der Außenwelt?

Mein ganzes Leben lang habe ich alles getan, um es anderen gut gehen zu lassen. Ich habe dies nur aus dem Grund getan, weil ich nicht mit emotionalem Schmerz umgehen konnte und körperliche Schmerzen nicht ertragen konnte. Doch was habe ich dadurch erreicht? Nichts. Im Gegenteil, die Menschen, für die ich dachte, es sei gut, wurden immer abhängiger und brauchten immer mehr Unterstützung. Ich erkannte, dass ich ihnen nur aus egoistischen Gründen half, um mein unangenehmes Gefühl loszuwerden. Ich habe ihnen ihre eigenen Erfahrungen genommen und ihnen ihre Stärken und ihr Wachstum genommen. Es war überheblich von mir zu denken, dass sie nicht in der Lage sind, ihre Herausforderungen selbst zu meistern. Ich war blind für meine eigene Blindheit, während ich mich als Wohltäter aufspielte.

Es geht nicht darum, ein gutes Gefühl zu haben, wenn wir andere unterstützen. Es geht darum, emotionalen Schmerz zuzulassen und auszuhalten und den Menschen zu glauben, zu vertrauen, dass sie durch ihre eigenen Erfahrungen wachsen können. Jeder Mensch hat die gleichen Fähigkeiten in sich, die nur aktiviert werden müssen. Wenn wir jedoch die Verantwortung für alles übernehmen, was sie tun, können sie diese Kräfte nicht aktivieren.

Geduld ist die Kunst des Loslassens.

Geduld ist die Kunst des Loslassens. Es bedeutet, zu warten, zu beobachten und zuzulassen. Früchte, die zu früh geerntet werden, sind unreif und bringen keine Vorteile. Genauso müssen auch wir Zeit haben, um zu reifen und unser volles Potenzial zu entfalten.

Ein Samen, den wir pflanzen, benötigt Pflege und Zeit, um zu wachsen und Früchte zu tragen. So ist es auch mit unseren Gedanken und Emotionen - sie benötigen Pflege und Zeit, um zu wachsen und positive Veränderungen zu bewirken.

Das, was wir in uns pflanzen, das werden wir auch ernten.

Unsere Denkmuster und Emotionalität sind der Schlüssel zu innerer Freiheit. Um äußere Veränderungen zu bewirken, müssen wir unsere innere Einstellung ändern. Je bewusster und präziser wir unser Denken und Empfinden verändern, desto größer wird die Auswirkung nach außen sein.

Ich habe aus meinen Schmerzen Honig gemacht

Ich habe aus meinen Schmerzen Honig gemacht ist ein bewegender und inspirierender Satz, der zeigt, dass es möglich ist, aus schmerzhaften Erfahrungen im Leben etwas Positives zu schaffen. Jeder von uns hat irgendwann im Leben mit Herausforderungen und Schmerzen zu kämpfen, aber es liegt an uns, wie wir damit umgehen.

Es ist kein Geheimnis, dass Schmerzen und Enttäuschungen uns dazu bringen können, uns hilflos und verletzlich zu fühlen. Aber genau in diesem Moment haben wir die Chance, aus unseren Schmerzen Stärke zu schöpfen und uns weiterzuentwickeln. Wir können lernen, aus unseren Fehlern zu wachsen und uns zu verbessern, anstatt uns von ihnen besiegen zu lassen.

Indem wir aus unseren Schmerzen Honig machen, können wir uns selbst und anderen zeigen, dass es möglich ist, aus schwierigen Situationen stärker hervorzugehen. Wir können zeigen, dass wir uns nicht von unseren Ängsten und Zweifeln beherrschen lassen, sondern dass wir uns im Gegenteil davon inspirieren lassen, uns weiterzuentwickeln.

Also, wenn du dich jemals verletzt oder niedergeschlagen fühlst, denke daran, dass du aus deinen Schmerzen Honig machen kannst. Indem du deine Herausforderungen als Chancen siehst, kannst du dein Leben in eine positive Richtung lenken und dich selbst und anderen zeigen, dass du unbesiegbar bist.

Die unbekannte Weisheit in mir führte mich

Die unbekannte Weisheit in mir führte mich ist ein starkes und bewegendes Konzept, das mich daran erinnert, dass wir alle eine innere Stärke und Weisheit besitzen, die uns durch schwierige Zeiten führen kann. Oft sind wir uns dieser Kraft nicht bewusst, aber sie ist immer da und bereit, uns zu unterstützen.

Es kann einschüchternd sein, Herausforderungen zu bewältigen, besonders wenn wir uns unsicher und allein fühlen. Aber es ist in diesen Momenten, in denen die unbekannte Weisheit in uns besonders stark zum Vorschein kommt. Ohne dass wir es wissen, ist es oft die Stimme unseres Herzens, die uns Mut und Kraft gibt, um aus den Herausforderungen als Heldin hervorzutreten.

Diese innere Weisheit kann uns helfen, die richtigen Entscheidungen zu treffen und uns zu erinnern, dass wir stärker sind, als wir glauben. Es kann uns dazu inspirieren, uns von unseren Ängsten zu befreien und uns auf unsere Ziele zu konzentrieren.

Wir sollten uns immer bewusst sein, dass die unbekannte Weisheit in uns immer bereit ist, uns zu führen. Wir müssen nur bereit sein, auf unsere innere Stimme zu hören und uns darauf zu verlassen, dass sie uns in die richtige Richtung führt. Wenn wir das tun, können wir jede Herausforderung als Heldin bewältigen und unser Leben in eine positive Richtung lenken.

Wenn du mal nicht weiterkommst, erinnern dich daran, dass die unbekannte Weisheit in dir immer bereit ist, dich zu führen. Hören auf deine innere Stimme und vertraue darauf, dass du jede Herausforderung als Held oder Heldin bewältigen kannst.

Ich bin das Original

Ich möchte heute das Original sein und nicht die Kopie irgendjemandes. Ich nehme heute meine Maske ab und erkenne, dass ich der Architekt meines Körpers und somit auch meines Lebens bin. Ich gehöre nur mir selbst und bin stärker als alles, was andere mir antun können. Hier schwöre ich öffentlich bei meinem Leben, dass ich nur meinem Gott diene und meine eigene Wahrheit verfolge.

Ich bin aus einer einzigen Zelle hervorgegangen, die die Intelligenz besaß, diesen wunderbaren Körper aus Milliarden Zellen zu erschaffen. Hier stehe ich, ein Produkt meiner eigenen Schöpfungskraft.

Jeder von uns besitzt diese unglaubliche Intelligenz, die es uns ermöglicht, uns selbst und unser Leben zu formen. Wir sind alle Schöpfer unserer eigenen Realität.

Diese Intelligenz ist in uns allen angelegt und wartet darauf, genutzt zu werden. Sie schenkt uns die Fähigkeit, unsere Träume zu verwirklichen und uns zu entfalten. Aber um diese Intelligenz nutzen zu können, müssen wir an sie glauben. Wir müssen uns selbst und unsere Fähigkeiten anerkennen und uns darauf verlassen, dass wir in der Lage sind, unser Leben in die gewünschte Richtung zu lenken.

Glaube an diese Intelligenz, die in dir und in uns allen schlummert. Nutze sie, um dich zu entfalten und deine Ziele zu erreichen. Wachse und lass dich von deiner eigenen Kraft inspirieren. Du bist der Architekt deines Lebens, nutze diese Macht, um eine bemerkenswerte Reise zu unternehmen.

Vergebung

Vergeben zu können bedeutet nicht, die Vergangenheit einfach zu vergessen oder zu ignorieren. Es bedeutet, sich von den negativen Gedanken und Emotionen zu befreien, die uns an die Vergangenheit binden. Es ist ein Akt der Befreiung, bei dem wir loslassen und uns von den belastenden Erinnerungen befreien.

Es kann schwer sein, zu vergeben, wenn wir immer wieder dieselben negative Muster erleben. Aber wenn wir erkennen, dass wir selbst die Kontrolle über unsere Gedanken und Handlungen haben, können wir uns entscheiden, anders zu handeln und uns von den negativen Mustern zu befreien.

Es ist wichtig, dass wir uns selbst gegenüber ehrlich sind und erkennen, wenn wir uns in negative Muster verstricken. Wenn wir uns selbst als gutmütig betrachten, aber immer wieder ausgenutzt werden, müssen wir uns fragen, ob wir tatsächlich gutmütig sind oder ob wir uns selbst erlauben, ausgenutzt zu werden.

Wir sollten uns bemühen, uns selbst zu lieben und uns selbst zu schätzen, anstatt uns selbst zu opfern, um andere glücklich zu machen. Wir haben die Macht, unser Leben zu verändern und uns von negativen Mustern zu befreien, wenn wir bereit sind, mutig loszulassen und uns auf die Veränderung einzulassen.

Schuld

Schuldzuweisungen richten den Fokus immer auf andere. Wir denken, dass wenn nur andere anders handeln würden, wir anders sein könnten. Wir vergessen dabei, was wir wirklich wollen und wer wir wirklich sind. Unsere Gedanken und Gefühle sind immer auf andere gerichtet, statt uns selbst zu hinterfragen.

Wir können anderen etwas vorspielen, aber können wir uns selbst täuschen? Haben wir den inneren Frieden gefunden? Können wir sagen, dass wir glücklich sind, ohne uns mit anderen zu vergleichen? Oder sind wir nur stark, wenn wir uns mit anderen vergleichen?

es ist wichtig, innezuhalten und sich die richtigen Fragen zu stellen, um herauszufinden, ob man wirklich glücklich und zufrieden ist.

Ich bin mein Experiment

Ich bin mein eigener Forscher. Durch das Beobachten, Verstehen und Verändern meiner Gefühle, lerne ich mich selbst und auch die Welt besser kennen. Ich bin bestrebt, wie die Sonne zu sein - strahlend und mit meinem Licht und meiner Wärme alles um mich herum liebevoll zu umgeben, um Wachstum und Entwicklung zu fördern."

ich bin und was ich leisten kann. Ich möchte erkennen, dass ich mächtiger bin, als ich je gedacht habe, und dass meine Gedanken und Gefühle eine immense Kraft besitzen. Ich möchte lernen, wie ich diese Kraft bewusst einsetzen kann, um mein Leben in die gewünschte Richtung zu lenken.

Ich glaube an das Potenzial für Wunder in jedem von uns und ich bin bereit, meinen Glauben zu stärken, um die Wunder in meinem eigenen Leben zu erleben. Ich bin bereit, mich von Ängsten, Zweifeln und Begrenzungen zu befreien und mich auf das Abenteuer des Lebens einzulassen. Ich glaube an die Kraft des Universums, an die Schönheit des Lebens und an die unendlichen Möglichkeiten, die es für uns bereithält. Ich bin bereit, diese Wunder zu erleben und mein Leben zu verändern.

Mitgefühl bedeutet für mich, die Gefühle und Perspektiven anderer Menschen zu verstehen und mich in sie hineinzuversetzen. Es geht darum, sie zu unterstützen und zu begleiten, indem ich ihnen Verständnis, Liebe und Unterstützung anbiete, aber ohne die Verantwortung für sie zu übernehmen. Mein Ziel ist es, ihnen zu helfen, ihre eigene Kraft und Möglichkeiten zu erkennen und die Verantwortung für sich selbst zu übernehmen.

Wir machen uns oft Gedanken darüber, was andere über uns denken. Doch wir können nicht wissen, was in den Köpfen der anderen vor sich geht und was sie denken und fühlen. Unsere eigenen Erfahrungen und Bewertungen beeinflussen, wie wir andere interpretieren und beurteilen. Dies führt oft dazu, dass wir uns schlecht fühlen, da wir uns durch unsere eigenen Gedanken und Interpretationen beeinflusst sehen. Es ist wichtig, unsere eigenen Gedanken zu beobachten und aufzuhören, darüber nachzudenken, wie andere über uns denken oder fühlen. Wir können nicht wissen, was für andere richtig oder falsch ist, denn jeder ist selbst verantwortlich dafür, das Richtige für sich zu erkennen. Wenn wir uns auf das konzentrieren, was wir wollen, übernehmen wir automatisch die Verantwortung für uns selbst und es gibt keinen Schuldigen mehr.

Erkenne deine Wahrheit. Beobachte dich selbst, deine Gefühle und Gedanken. Frage dich, woher sie stammen und wer sie dir eingeprägt hat. Überlege, warum man dir diese Gedanken und Gefühle vermittelt hat und welchen Nutzen es hatte. Willst du weiterhin nach den Meinungen und Empfindungen anderer leben und dich an sie anpassen, oder möchtest du endlich erkennen, was in dir steckt und als Individuum deinen eigenen Weg gehen?

Wenn du dich von emotionalen Schmerzen und Leid überwältigt fühlst, atme tief durch und versuche dich zu entspannen. Erinnere dich daran, dass es nur Gedanken und Gefühle sind. Du bist sicher und geborgen in dir selbst. Lass alles zu, was in dir ist, und beobachte es wie einen Film. Durch die Anerkennung deiner Gedanken und Gefühle ermöglichst du ihnen, sich auszudrücken, und erlangst dadurch Freiheit.

Übe dich darin, dich auf das Positive zu konzentrieren. Schau nach vorne, denke an all die schönen Dinge, die du in deinem Leben hast oder noch erreichen möchtest. Überlege dir, was du tun kannst, um dich besser zu fühlen. Kannst du spazieren gehen, ein heißes Bad nehmen, ein gutes Buch lesen oder jemanden anrufen, der dich aufmuntert? All diese Dinge können helfen, dich von den Schmerzen abzulenken und dich besser zu fühlen. Vergiss nicht, dass du nicht allein bist und dass es immer einen Weg gibt, um sich besser zu fühlen.

Wir können Menschen nur dann optimal unterstützen, wenn wir sie ermutigen, die Verantwortung für ihr Leben zu übernehmen. Durch unser Übernehmen der Verantwortung, rauben wir ihnen die Chance, ihre eigenen Fehler zu machen und daraus zu lernen. Mit Mitgefühl, Verständnis und Akzeptanz können wir ihnen jedoch beistehen und sie dabei unterstützen, ihr Selbstvertrauen und Selbstwertgefühl zu stärken. Wir können ihnen zeigen, dass sie so akzeptiert werden, wie sie sind, und dass wir für sie da sind, um sie auf ihrem Weg zu unterstützen, glücklicher zu werden.

Wie gehe ich mit meinen Emotionen um? Wie kann ich meine Emotionen verstehen und transformieren? Wie kann ich mich von negativen Gedanken und Gefühlen befreien? Wie kann ich meine innere Stimme hören und auf sie vertrauen? Wie kann ich meine Vergangenheit loslassen und mich auf die Gegenwart und Zukunft konzentrieren?

Diese Fragen können dir helfen, dich selbst besser kennenzulernen und deine innere Wahrheit zu entdecken. Indem du dich mit diesen Fragen beschäftigst und darauf antwortest, kannst du dich selbst besser verstehen und deinen Weg finden.

Es ist wichtig, sich bewusst mit diesen Fragen auseinanderzusetzen und die Antworten zu suchen. Indem wir uns selbst hinterfragen, können wir erkennen, wo wir stehen und wohin wir wollen. Es ist normal, dass wir uns manchmal unsicher fühlen und nicht wissen, was wir erreicht haben oder was unsere Aufgabe ist. Aber es ist auch eine Chance, um neu zu starten und uns auf den Weg zu machen, den wir wirklich gehen wollen.

Überprüfe, ob du aus deinem Herzen Handel und nicht nur Ihrem Ego folgen. Überprüfe, ob du sich selbst akzeptieren und lieben, und nicht versuchst, jemand anderem zu entsprechen. Stelle dir die Frage, was dich glücklich macht und was deine Leidenschaft ist. Mache dir bewusst, welche Fähigkeiten und Stärken du besitzt und wie du sie nutzen können, um etwas Positives in die Welt zu bringen.

Über nehme die Verantwortung für dein Leben und deine Handlungen und warte nicht auf andere Menschen, die die Dinge für dich ändern. Machen dir bewusst, dass du selbst die Kontrolle über dein Leben hast und dass du die Entscheidungen treffen kannst, die dich glücklich machen.

Es ist nie zu spät, um einen neuen Weg einzuschlagen und das Leben zu leben, dass du wirklich willst. Vertraue auf deine Fähigkeiten und deine Stärken und gehe deinen Weg mit Mut und Entschlossenheit.

Es kann schwierig sein, sich selbst zu erkennen und seinen eigenen Weg zu gehen, wenn man von Ängsten, Zweifeln und Einflüssen von außen beeinflusst wird. Nimm dir Zeit, um dich selbst zu reflektieren und die eigenen Gedanken, Gefühle und Handlungen zu beobachten. Indem man sich mit sich selbst beschäftigt, kann man die eigene Wahrheit entdecken, seine Stärken und Fähigkeiten erkennen und herausfinden, was einem wirklich wichtig ist.

Höre auf das eigene Herz und handle aus dem Herzen heraus. Man sollte sich bewusst machen, dass man nicht auf den Schwächen und dem Leid anderer aufbauen sollte, sondern sie stattdessen mit Mitgefühl, Liebe und Unterstützung begleiten sollte.

Akzeptiere dich, wie du bist, ohne Vergleich mit anderen. Indem du deine eigene Kraft und Einzigartigkeit erkennst, kannst du deinen eigenen Weg gehen und das Beste aus dich herausholen.

Letztendlich ist die Suche nach sich selbst ein langer Prozess, aber es lohnt sich, die Reise zu unternehmen, um seine wahre Identität zu entdecken und das Leben zu leben, das man wirklich will.

Wir haben die Fähigkeit, uns selbst zu lieben, uns selbst zu akzeptieren und uns selbst zu heilen. Wir müssen nicht auf die Bestätigung, Liebe oder Akzeptanz von außen warten, sondern können sie uns selbst geben. Indem wir uns selbst annehmen, wie wir sind, und uns die Dinge sagen, die wir von anderen brauchen, können wir uns stärken und uns selbst heilen.

Es ist wichtig, sich selbst positive Affirmationen zu sagen und sich selbst wertzuschätzen, um unsere eigene Stärke und unser eigenes Potenzial zu erkennen. Wir sollten uns auch Zeit geben, uns selbst zu reflektieren und zu fragen, was wir brauchen, um unser Leben glücklicher und erfüllter zu gestalten.

Es ist in Ordnung, Fragen zu stellen und Zweifel zu haben. Es zeigt, dass du dich selbst hinterfragst und nach Antworten suchst. Es ist jedoch wichtig, dass du mit einer positiven Einstellung herangehst.

Du bist ein einzigartiger Mensch mit eigenen Stärken, Fähigkeiten, Träumen und Zielen. Verbringe Zeit damit, dich selbst kennenzulernen und herauszufinden, was dich glücklich macht.

Kümmere dich, um deine eigene spirituelle und emotionale Gesundheit. Übe Dankbarkeit und Mitgefühl, um ein gutes Fundament für dein Wohlbefinden zu schaffen.

Denk immer daran, dass das Leben eine Reise ist und dass du deinen eigenen Weg finden musst. Gib nicht auf und halte daran fest, was für dich wichtig ist.

Es ist in Ordnung, wenn du dich von Ihren Ängsten, Frustrationen und Zweifeln überwältigt fühlst. Dies sind menschliche Empfindungen, die bei uns Menschen vorkommen. Es ist jedoch wichtig zu erkennen, dass du dich selbst und deine Gedanken kontrollieren und wählen kannst, wie du auf deine Umgebung reagieren möchtest.

Es ist auch okay, wenn du deinen Glauben verloren hast und dich unsicher über die Bedeutung und das Ziel des Lebens fühlst. Diese Fragen sind schwierig und haben viele Menschen seit Jahrhunderten beschäftigt. Es kann dir helfen dir Zeit zu nehmen, um sie zu erforschen und deine eigenen Antworten auf diese Fragen zu finden.

Und wenn du das Gefühl hast, dass du nicht mehr weiterweißt, kann es hilfreich sein, professionelle Hilfe in Anspruch zu nehmen, um deine Gedanken und Gefühle zu verarbeiten.

Hinterfragung

Ich habe das menschliche Leben und die Menschen nicht verstanden. Unbewusst und freiwillig habe ich meine Macht an andere abgegeben, ihnen damit die Erlaubnis gegeben, mit mir zu tun, was sie wollten. Sie behandelten mich wie ein Eigentum oder Spielzeug, dessen Wert nur bestand, wenn sie mich benötigten. Sie erkannten nicht, dass ich ein Mensch mit Emotionen, Gedanken und Bedürfnissen bin.

Ich kann ihnen keine Schuld geben. Ich habe ihnen unbewusst und freiwillig diese Macht verliehen. Ich ging aus von Liebe und Mitgefühl, aber es war nicht der Fall.

Ich fragte sie nach ihrer Meinung und bat sie um Erlaubnis, wenn ich meine Bedürfnisse verfolgte. Ich merkte, dass ich ein schlechtes Gewissen hatte, wenn ich etwas für mich selbst wollte oder tat. Ich fragte sie, was sie von mir brauchten, und gab ihnen dann alles, was sie wollten. Ich gab ihnen unbewusst und freiwillig die Kontrolle über mein Leben, meinen Körper, meine Zeit, meine Gefühle und Bedürfnisse. Ich erlaubte ihnen, mich zu sehen, wie sie mich sehen wollten, und nutzten mich, wie sie wollten.

Ich dachte, wenn ich mich ihnen offen zeige, mit all meinen Gefühlen, Gedanken, Schwächen und Stärken, dass wir gemeinsam wachsen könnten.

Ich gab anderen die Macht, über mich zu urteilen und mich nach ihren Bewertungen und Vorstellungen zu formen. Statt meiner eigenen Wahrheiten zu leben, verpflichtete ich mich unbewusst, nach der Wahrheit der anderen zu leben. Wenn sie mich als verrückt bezeichneten, akzeptierte ich diese Einschätzung. Wenn sie sagten, ich sei wertlos, glaubte ich es. Ich konzentrierte mich ständig auf meine Schwächen und Fehler, ohne zu erkennen, dass dies andere gegen mich einnahm und mich ablehnte. Je mehr ich ihnen gab, desto mehr nahmen sie sich das Recht, über mich zu urteilen. Je mehr ich versuchte, sie zu verstehen, desto mehr hielten sie mich klein.

Irgendwann bemerkte ich, dass ich unsichtbar geworden war und dass in mir nur noch Widersprüche herrschten. Der Druck und die Widersprüche waren so groß, dass ich feststellte, dass ich verloren war. Ich war nicht mehr vorhanden, sondern nur noch eine Sammlung und Zusammenstellung der Meinungen anderer. Wann habe ich angefangen, mich zu verleugnen? Wann habe ich angefangen, mich abzulehnen? Wann habe ich begonnen, mein Leben wegzuwerfen? Wer war ich? Was waren meine Bedürfnisse? Hatte ich Träume und Wünsche? Wie wollte ich sein und leben?

Ich gab den Urteilen, Bewertungen, Entscheidungen und Meinungen der anderen zu viel Gewicht. Warum tat ich das? Ich wollte nur, dass sie wissen, dass ich sie liebe und dass sie nicht so leiden müssen wie ich. Ich wollte ihnen helfen und ihnen die Möglichkeit geben, das zu sein, was sie sind.

Meine Liebe zu den Menschen

Meine größte Leidenschaft sind die Menschen. Ich liebe es, Menschen zu verstehen und zu beobachten, denn der Grund für alle menschlichen Leiden und Freuden liegt in ihnen. Der Mensch bestimmt das Leben auf der Erde.

Wir beginnen oft mit dem Ziel, etwas Gutes für die Menschheit und die Welt zu tun, aber im Laufe der Zeit verlieren wir den Fokus und werden von unseren eigenen Schöpfungen gefangen genommen. Wir werden konventionell und verlieren unsere Überzeugungen aus den Augen.

Unser Fokus liegt immer darauf, was wir nicht wollen - wir kämpfen gegen den Krieg und den Hass. Aber wir vergessen dabei, unsere Energie und Zeit in das zu investieren, was wir eigentlich wollen - Frieden. Wir versuchen Zerstörung mit noch mehr Zerstörung zu bekämpfen, aber das führt nicht zu Frieden. Wenn wir stattdessen 10% unserer Energie darauf verwenden, Wege zu finden, wie Frieden hergestellt werden kann, werden wir ihn auch schaffen.

Es ist dasselbe in Bezug auf meine Familie und meinen Ehemann. Statt meine Kraft und Energie darauf zu verwenden, gegen sie zu kämpfen, kann ich mich ändern. Ich kann meine Sichtweise und meine Art zu denken und zu handeln, ändern und meine Energie für mich nutzen, anstatt für andere.

Bitte korrigiere diesen Text: Mein Verstand sollte nicht damit beschäftigt sein, mich in Selbstmitleid zu verstricken und als Opfer zu empfinden, während ich die Last anderer trage. Mein Verstand, wie jeder andere Verstand, wurde erschaffen, um Neues aus dem Vorhandenen zu schaffen.

Die schöpferische Kraft unsere Gedanken

All die alltäglichen Geräte und Dinge, die unser Leben erleichtern und uns mehr Zeit und Raum bieten, sind das Ergebnis der schöpferischen Kraft des Menschen. Stell dir vor, wie lange es gedauert hat, bis ein Flugzeug erfunden wurde, und wie viele Menschen ihr Leben dafür geopfert haben. Heute steigen wir in ein Flugzeug und können um die ganze Welt reisen, aber haben wir jemals darüber nachgedacht, wie wunderbar es ist, fliegen zu können, und wie viele es bewusst schätzen?

Unser Verstand ist dafür da, dass wir aus dem Vorhandenen zu unserem eigenen Wohl für das Wohl anderer neues schaffen. Wir können kein Baum erschaffen, aber daraus Papier erstellen, Möbel erstellen usw. Wir können keine Steine erschaffen, aber daraus Häuser bauen u.a.

Verwenden wir unseren Verstand, um uns Gedanken darüber zu machen, was andere über uns denken, um andere zu beurteilen oder nach deren Urteil zu handeln? Verwenden wir unseren Verstand, um besser, klüger, reicher, schöner, hübscher zu sein? Können wir damit etwas schaffen? Können wir damit unsere Fähigkeiten erkennen? Kann man glücklich und frei sein, wenn man all seine Kraft, Gefühle, Gedanken und das Leben nach außen richtet und so sein will wie andere, um Wert zu haben?

Der Schöpfer hat uns mit einer unglaublichen schöpferischen Kraft ausgestattet, und es liegt an uns, wie wir sie nutzen. Wir können uns selbst beschränken und nur nachahmen, was andere bereits geschaffen haben, oder wir können uns selbst herausfordern und neues schaffen, dass die Welt verbessert. Wir können Lösungen für Probleme finden, die noch keiner gelöst hat, und die Welt ein besserer Ort machen.

Wenn wir unser volles Potenzial ausschöpfen, sind wir in der Lage, Dinge zu erschaffen, die vorher undenkbar waren. Wir können unser Verständnis von Technologie, Kunst, Wissenschaft und vielem mehr erweitern und durch unsere Schöpfungen das Leben der Menschen verbessern.

Es ist wichtig zu erkennen, dass wir nicht nur Nachahmer des Schöpfers sind, sondern auch selbst Schöpfer. Wir haben die Fähigkeit, aus unseren Gedanken und Träumen Wirklichkeit werden zu lassen. Indem wir unser Potenzial nutzen und uns selbst herausfordern, können wir einen wertvollen Beitrag zur Welt leisten.

Gehe sorgfältig mit dir und deiner Kraft um, sie ist sehr wertvoll. Willkürliches Hingeben von dir und deiner Kraft wird dir nur Schaden zufügen. Daher ist es wichtig, dass du auf dich und deine Kraft achtest, sie respektierst und liebst wie keinen anderen. So wirst du glücklich werden. Du wirst dich mit der Macht des Universums verbinden und eins werden. Vergiss niemals, dass du etwas Besonderes bist, und lass niemanden mit deiner Kraft verschwenderisch umgehen. Du hast das einzige Recht, deine Kraft zu nutzen, denn es ist dein Leben.

Ebenso wie die Liebe die Kraft hat, alle Schwierigkeiten zu überwinden, besitzt Hass die Macht, alles zu zerstören.

Mitgefühl und Unterstützung

Ich fühle mit dir und halte meine Gefühle im Zaum. Es erfordert Mut, Vertrauen und Glauben, dass in jedem die Lösung steckt, und Geduld, damit jeder selbst die passende Lösung finden kann.

Nicht die Lösungswege, die wir anderen zeigen, sind die richtigen, sondern es geht darum, die Menschen dazu zu bewegen, ihre Gedanken, Gefühle und Handlungen zu hinterfragen, damit sie die für sie passende Lösung finden und gehen können.

Jeder Mensch ist eine eigene Welt. Das Innenleben eines Menschen ist nicht mit dem eines anderen vergleichbar, da jeder Mensch durch sein einzigartiges Leben eine Einzigartigkeit besitzt. Niemand hat das Leben eines anderen genau so erlebt, gefühlt, gedacht oder gehandelt. Jeder Moment in unserem Leben hat eine Wirkung auf unser gesamtes System. Daher kann ich nicht wissen, was für einen anderen Menschen richtig oder falsch ist.

Ich weiß nicht, was dieser Mensch erlebt hat, um jetzt diese Wirkung zu haben. Ich weiß nichts über andere Menschen, aber trotzdem denke ich für sie. Trotzdem denke ich, dass ich weiß, was aus meiner Sicht das Beste für sie ist. Es ist eine Vermutung, zu denken, dass wir über andere urteilen oder wissen können, was sie denken.

Jeder Gedanke und jedes Gefühl entstehen aus uns selbst. Alles ist in uns. Was wir in uns tragen, projizieren wir nach außen und behaupten dann, dass es von anderen kommt. Wir machen uns Gedanken darüber, was andere denken, wie sie über uns denken. Ist das wirklich wahr? Wissen wir tatsächlich, was andere denken? Sind es nicht unsere eigenen Gedanken, die aus uns selbst entstehen? Wie können wir sicher sein, dass die Menschen um uns herum genau das denken, was wir glauben zu wissen?

Wir verbringen viel Zeit damit, uns Gedanken darüber zu machen, wie andere denken, handeln und fühlen. Wie oft nehmen wir uns die Zeit, uns zu fragen, warum wir das tun?

Gefühle und Gedanken sind Teil unseres täglichen Lebens und können uns oft unbemerkt überwältigen. Wir können uns in Gedanken oder Gefühlen verlieren, während wir Alltagsaufgaben verrichten, ohne uns dessen bewusst zu sein. In diesem Moment sind wir zwar körperlich anwesend, aber geistig sind wir in der Vergangenheit, Zukunft oder bei einem anderen Menschen oder in einer bestimmten Situation. Oft vergehen Stunden, bis wir realisieren, dass wir gar nicht mehr präsent sind, sondern in einer anderen Welt, die nicht greifbar ist.

Ist das Gefühl, das ich spüre, meines oder gehört es jemand anderem? Wenn ich loslasse, kehrst du zurück. Du bist jeden Augenblick in mir präsent, auch wenn ich es nicht will. Wie kann ich diese Verbindung endgültig trennen, damit ich dich nicht mehr spüre und du keinen Zugang zu mir hast? Wo habe ich noch eine offene Tür, die ich unbewusst offenhalte?

Widmung an meiner großen Liebe

Nur um das eine Gefühl für einen kurzen Moment zu erleben, habe ich all diese Schmerzen, ertragen. Das einzige Gefühl, der einzige Zustand der Vollkommenheit. Nur in deinen Armen, auf deinem Körper, eng verschlungen, vergaß ich meinen Körper. Das Gefühl des Urvertrauens, das Gefühl der wahren Liebe, das Gefühl der Bedingungslosigkeit, der Hingabe, der Einswerdung, der Verschmelzung mit allem.

Es war das einzigartige Gefühl vom sein, von der Geborgenheit, Sicherheit. Das Gefühl, wonach ich unbewusst mein ganzes Leben danach suchte und handelte, ohne zu wissen, was es war. Jetzt weiß ich, dass nur in deinen Armen, durch deine Berührungen, ich diesen Zustand erreichen konnte. Das Gefühl konnte nur sein, wenn es Nichts gab. Kein Urteil, keine Erwartungen, keine Schuldzuweisung, nicht du und ich, kein Recht, Unrecht, kein Falsch oder Wahr. Es konnte nur sein für diesen Moment alles loszulassen und sich hinzugeben.

Die wahre Hingabe habe ich nur in deinen Armen erfahren. Für einen kurzen Moment, der all die Ewigkeit in sich verbarg. Dieser Moment der reinen Liebe, verbarg in sich all die Schönheiten des Universums. Ein Moment des Friedens, all was es war, was ist und was sein könnte hatte keinen Platz und kein Raum in diesem Gefühl. Es war das warme, behagliche, vollkommene Liebe.

Nur um dieses Gefühl nochmal und nochmal erleben zu dürfen, hielt ich die unerträglichen Schmerzen aus. Ich durfte in diesem kurzen Moment nur einfach das sein, was ich bin.

Nur durch dich durfte ich mein wahres selbst erleben und erkennen. In deinen Armen sah ich diesen Ort unbewusst zum ersten Mal. Ich erlebte das Gefühl, des eins seins und Vollkommenheit und erkannte es nicht, konnte es nicht Bennen.
Mein Herz sehnte sich danach, ohne dass mein Verstand es erkannte, wonach es sich sehnt. Ich hielt mich an den Äußerlichkeiten, doch mein Herz holte mich immer wieder zurück. Es gab keine Ruhe, es hörte nicht auf sich danach zu sehnen.

Es gab nichts in meinem Leben, was vollkommener, reiner war als dieser Ort und Moment in deinen Armen.

Nicht das Begehren nach Sexualität, nicht das Verlangen nach deiner Anerkennung, Liebe, Akzeptanz, nein das alles war es nicht. Ich hielt mich mit dem alles auf, weil ich so gelernt hatte, dass es so sein muss. Ich wusste nicht, dass dieser Moment der Verschmelzung meiner Seele mit deiner Seele, die Leidenschaft war, die in mir brennte und ich mich danach sehnte.

Es war Glückseligkeit. Ein erhabener Zustand, es war alles, was ich jemals gebraucht habe und brauchen werde. Die Glückseligkeit, die vollkommene Hingabe, nur das Gefühl.

Dankbarkeit

Ich bin für jeden einzelnen Menschen und jede einzelne Situation in meinem Leben Dankbar. Ich segne jeden Augenblick meines Lebens und all die darin vorkamen. Alle Begegnungen, Alle Handlungen waren meine Schule.

Printed by
Schaltungsdienst Lange o.H.G., Berlin